Gaßner/Holznagel/Lahl
Mediation

Planung und Praxis im Umweltschutz
Band 5

Mediation

Verhandlungen als Mittel der Konsensfindung bei Umweltstreitigkeiten

von

Hartmut Gaßner

Rechtsanwalt

Dr. jur. Bernd Holznagel, LL.M.

Dr. Uwe Lahl

Staatsrat

unter Mitarbeit von

Stefan Klinski

Rechtsreferendar

mit einem Vorwort von

Meinfried Striegnitz

Economica Verlag

Die Deutsche Bibliothek – CIP-Einheitsaufnahme

Gaßner, Hartmut:
Mediation : Verhandlungen als Mittel der Konsensfindung bei
Umweltstreitigkeiten / von Hartmut Gaßner ; Bernd Holznagel ;
Uwe Lahl. Unter Mitarb. von Stefan Klinski. Vorw. von
Meinfried Striegnitz. – Bonn : Economica Verl., 1992
(Planung und Praxis im Umweltschutz; Bd. 5)
ISBN 3-87081-401-2
NE: Holznagel, Bernd:; Lahl, Uwe:; GT

Satz: Linder, Leonberg
Druck: WB-Druck GmbH & Co., Rieden a.F.

ISBN 3-87081-401-2

Die Autoren

Gaßner, Hartmut

Jahrgang 1956, Rechtsanwalt, 1976 bis 1982 Studium der Soziologie und Rechtswissenschaft in Berlin; 1983/84 Wissenschaftlicher Berater der GRÜNEN Bundestagsfraktion (Schwerpunkte: Flick-Untersuchungsausschuß, Umweltrecht); 1984 bis 1987 Referendariat in Berlin; 1987 Gründung einer Anwaltssozietät, die schwerpunktmäßig auf dem Gebiet des Umwelt- und Bauplanungsrechts sowie der Verwaltungs- und Verbändeberatung tätig ist. Veröffentlichungen zum Umwelt- und Naturschutzrecht.

Anschrift: Anwaltsbüro Gaßner, Groth & Siederer
Kantstraße 57
W - 1000 Berlin 12

Holznagel, Bernd Dr. jur., LL.M.

Jahrgang 1957, Studium der Soziologie und Rechtswissenschaft in Berlin und Montreal; 1984 Soziologiediplom; 1985 Master of Laws (LL.M., McGill); 1985 Forschungsaufenthalt im Program on Negotiation, Harvard Law School; 1990 Promotion. 1991 Hochschulassistent am Fachbereich Rechtswissenschaft II, Universität Hamburg. Lehr- und Prüfungsgebiet im 1. Staatsexamen: Öffentliches Recht. Forschungsaktivitäten und Interessenschwerpunkte: Umwelt- und Medienrecht. Veröffentlichungen zum nationalen und internationalen Umweltrecht.

Anschrift: Universität Hamburg
FB Rechtswissenschaft II
Edmund-Siemers-Allee 1
W - 2000 Hamburg 13

Lahl, Uwe, Dr.

Jahrgang 1951, Chemiker, Dr. rer. nat., Wissenschaftspublizist, Mitbegründer des Bremer Umweltinstituts; von Dezember 1983 bis Dezember 1985 wissenschaftlicher Berater der GRÜNEN Bundestagsfraktion (Schwerpunkte: Wasser, Chemie, Abfall); von Januar 1986 bis Dezember 1991 Beigeordneter für Umweltangelegenheiten der Stadt Bielefeld, in dieser Funktion nebenamtlicher Geschäftsführer der MVA Bielefeld-Herford und des Zweckverbandes Verbunddeponie Laar; seit Januar 1992 Staatsrat beim Senator für Umweltschutz und Stadtentwicklung Bremen. Veröffentlichungen zur Umweltpolitik.

Anschrift: Senatsverwaltung für Umweltschutz und
Stadtentwicklung des Landes Bremen
Am Wall 177
W - 2800 Bremen 1

Vorwort

Vom Dissens zum Konsens

"Die Grenzen des Wachstums", der auf dem System-Dynamics-Welt-modell beruhende Bericht des Club of Rome zur Lage der Menschheit hat mehr bewirkt, als nur ein neues Schlagwort in die politische Debatte einzuführen. Der 1972, im Jahr der ersten Umweltkonferenz der Vereinten Nationen, vorgelegte Bericht markiert und befördert zugleich einen Durchbruch in der internationalen Umweltdiskussion. Anfang der 70er Jahre wurden nachhaltige und bis heute nicht abgeschlossene Veränderungsprozesse in allen gesellschaftlichen Bereichen in Gang gesetzt. Weltweit setzte eine breite gesellschaftliche Diskussion über Grundsatzfragen des Wirtschaftens und der Lebensstile ein. Der gesellschaftliche Gestaltungs- und Regelungsbedarf zum Schutz der natürlichen Lebensgrundlagen und der menschlichen Umwelt als Voraussetzung für das dauerhafte Überleben der Menschheit wird herausgearbeitet und wird – wenn auch nur zögernd nach und nach – zunehmend allgemein anerkannt. "Umweltpolitik" konstituiert sich als neues Politikfeld und gewinnt neben den traditionellen politischen und administrativen Ressorts zunehmend an Bedeutung und Gewicht.

Wirtschafts-, Produktions- und Konsumweisen sowie das Wachstumsmodell der industrialisierten Welt insgesamt werden grundsätzlich infrage gestellt. Die Einführung des Kriteriums "Umweltverträglichkeit" beginnt das Konsumentenverhalten zu beeinflussen und Produktionsprozesse zu verändern, zunächst durch nachsorgende, später durch integrale Umweltschutztechnologien. Der Faktor Umwelt findet Berücksichtigung in der ökonomischen Theoriebildung und wird als Steuergröße übersetzt vereinzelt in die Praxis der nationalen und internationalen Wirtschaftssysteme eingebaut.

In den öffentlichen Verwaltungen werden so traditionsreiche Aufgaben wie Gewässerschutz, Luftreinhaltung, Gewerbeaufsicht in neugegründete Umweltämter und Umweltministerien zusammengeführt. Die Auseinandersetzung um den medienorientierten oder integralen Ansatz ist Indiz dafür, daß es um die Bewältigung einer qualitativ neuen Herausforderung und damit um mehr als eine formale Reorganisation geht.

Die Struktur der Öffentlichkeit selber erfährt eine Veränderung durch das Auftreten von Bürgerinitiativen und Umweltorganisationen als konstitutivem Teil einer neuen sozialen Bewegung. Diese steht nicht nur für neue Formen der politischen Auseinandersetzung, sondern vor allem für ein grundsätzlich verändertes Umweltverständnis und Weltverhältnis. Mit dem Anspruch auf praxisleitende Handlungsrelevanz weiß dieses Weltverhältnis das eigene, individuelle Handeln vor Ort in seinen Determinanten und in seinen Wirkungen eingebunden in globale ökologische Zusammenhänge: global denken, lokal handeln.

Die breite Rezeption der Erkenntnisse der Ökosystemforschung und der systemtheoretischen Weltmodellsimulationen verbreitet die Einsicht, daß Orientierung und Verhaltenssteuerung in multifaktoriellen, rückgekoppelten Wirkungsgefügen nur durch ganzheitliches, vernetztes Denken zu gewinnen seien. Mit diesem Wandel von Werten, Einstellungen und Denkmustern ändern sich nicht nur Themen und Gegenstände, sondern auch wesentliche Determinanten und Randbedingungen politischer, zunächst speziell umweltpolitischer Meinungsbildungs- und Entscheidungsprozesse und damit des Verwaltungshandelns. Suchbewegungen und Veränderungswille reiben sich an Vorgegebenem, die Umbrüche selbst und die Anpassungsversuche an die geänderten Rahmenbedingungen vollziehen sich notwendigerweise konflikthaft.

Konflikte sind nicht per se negativ, sie sind gesellschaftlich natürlich, sie sind notwendig für die Anpassung an geänderte Rahmenbedingungen, für Erneuerung und Weiterentwicklung. Sie erbringen diese Erneuerungsleistung aber nicht notwendigerweise. Bei entsprechenden Ausgangskonstellationen von Konflikten sind durchaus unterschiedliche Konfliktverläufe vorstellbar und auch beobachtbar. Die Art des Konfliktaustrags, der Konfliktverlauf und damit das Konfliktergebnis sind durch die Konfliktbeteiligten selbst und durch Einwirkungen von Dritten gestaltbar. Strukturen, Verfahren und Instrumente des Konfliktaustrages entscheiden darüber, ob eine konfliktverschärfende Eskalation über gegenseitige Blockaden und welchselseitige Destruktion letztlich zum gemeinsamen Schaden führt, oder ob der Dynamik des Konfliktaustrages durch Formen der Kooperation in der Auseinandersetzung eine konstruktive Wendung ins Produktive gegeben werden kann. Nur die Interaktion mit dem Interessengegner eröffnet überhaupt erst die Chance, ohne wechselseitigen Schaden Lösungen zu entwerfen, die sachlich angemessen sind, den jeweiligen Interessen Rechnung tragen und damit wechselseitigen Nutzen ermöglichen.

Umweltkonflikte zeichnen sich typischerweise schon auf der Ebene der ökologischen Wirkungszusammenhänge durch eine beträchtliche Komplexität aus. Bei der Planung umweltrelevanter Großprojekte ist der Konfliktgegenstand in sich inhaltlich, technisch und planerisch hochgradig komplex. Häufig sind die Gestaltungsspielräume abhängig von übergeordneten Systemvorgaben und andernorts getroffenen Strukturentscheidungen. Die Projekte berühren unterschiedlichste Interessen einer Vielzahl von Parteien und Akteuren, die ihrerseits Beteiligungs- und Mitgestaltungsansprüche erheben und inhaltliche Forderungen geltend machen. Hierdurch konstituiert sich ein widersprüchliches, multipolares Interessengefüge. Wissen und Detailkenntnisse sind auf verschiedene Fachdisziplinen und Interessengruppen verteilt, keine Seite kann mehr für sich behaupten, das Problem hinreichend und umfassend in allen Facetten erfassen und darauf aufbauend eine verbindliche Lösung ableiten zu können.

Wird die Durchsetzung einer einseitigen Entscheidung dennoch versucht, verfügen häufig genug die übergangenen Parteien über hinreichende Machtpotentiale, sei es durch Mobilisierung der öffentlichen Meinung, durch Resonanz in den Medien, durch Beschreiten des Rechtsweges oder in anderer Weise, um ihren Interessen Nachdruck zu verleihen und die geplante Lösungs-Durchsetzung zumindest zu blockieren.

Seit einigen Jahren wird verstärkt ein Unbehagen an den eingespielten Vorgehensweisen zur Bearbeitung umweltbezogener Probleme artikuliert. Von kaum zu unterschätzender Bedeutung ist dabei, daß derartige kritische Überlegungen in allen "Lagern" der verschiedenen Akteure, die an umweltpolitischen Konflikten typischerweise beteiligt sind, angestellt werden. Auf Seiten der Verwaltung ebenso wie in den Reihen von Industrie und Wirtschaft oder bei Bürgerinitiativen und Umweltverbänden. Die Beteiligten beklagen vor allem, daß trotz des hohen Aufwandes an Kraft, Energie, Zeit und finanziellen Kosten die Ergebnisse häufig für keinen der Beteiligten letztlich recht befriedigend ausfallen und alle Seiten sich als Verlierer sehen müssen. Dies ist insofern wenig verwunderlich, als die Rahmenbedingungen und Regeln des Konfliktaustrages in der öffentlich-politischen Arena oder vor Gericht Strategien der Konfrontation sowie Versuche zur Blockade der Gegner und zur Destruktion ihrer Handlungsräume prämieren. Es bieten sich dort keine Anreize für eine kooperative Problemlösung oder für konzertierte Anstrengungen zur gezielten Entwicklung von Optionen, die gemeinsamen und wechselseitigen Nutzen ermöglichen.

Die in den kooperativen Ansätzen zur Konfliktregulierung zumindest als Möglichkeit enthaltenen Chancen werden zunehmend gesehen. Inzwischen sind auch in der Bundesrepublik Deutschland und in weiteren mitteleuropäischen Ländern eine beträchtliche Zahl von Versuchen erkennbar, durch innovative Verfahren der Verhandlung und Vermittlung aus der reinen Konfrontationshaltung herauszukommen. Durch eine interaktive, kooperative Problembearbeitung sollen Suchräume jenseits des Nullsummenspiels eröffnet werden, in denen Lösungen zum wechselseitigen Nutzen entworfen werden können. Die Erfolgschancen sind umso größer, je früher die kooperative Problemlösungssuche aufgenommen wird: In einem frühen Stadium können die unterschiedlichen Interessen bereits mit in die Definition des Problems einfließen, ihre Berücksichtigung wird nicht durch bereits gefällte und nur schwer korrigierbare Vorentscheidungen ausgeschlossen.

An die Verfahren der Kooperation, des Verhandelns und der Vermittlung verknüpft sich die Erwartung, auf diese Weise Konflikte mit geringerem zeitlichen und finanziellen Aufwand regulieren zu können und Lösungen zu entwickeln, die den Belangen der Umwelt wirkungsvoller Rechnung tragen und die Interessen der Beteiligten schneller und besser berücksichtigen. Die bisher gesammelten Erfahrungen und die Beispiele sind ermutigend.

Das vorliegende Buch erläutert das Konzept der Mediation zur Konfliktregulierung im Umweltbereich. Es illustriert die Leistungsfähigkeit dieser Vorgehensweise und den Gewinn, den alle Beteiligten unter den näher erläuterten Bedingungen dabei erzielen werden. Die Einbettung in die rechtlichen und insbesondere die verwaltungsrechtlichen Strukturen und Entscheidungsprozesse wird ausführlich dargestellt.

Das Buch enthält für alle Praktiker in Umweltverwaltung, Umweltverbänden, Industrie und Rechtswesen eine Fülle von Denkanstößen und konkreten Anregungen. Möge es Vielen Mut machen, mit Verhandlungen und Mediation eigene Erfahrungen zu sammeln. Der Streit um den Konsens lohnt allemal mehr, als der Rückzug in die Wagenburg der Gleichgesinnten. Letztlich werden die Konfliktparteien nur gemeinsam mit der Umwelt gewinnen können.

Loccum, Juli 1992   *Meinfried Striegnitz*

Inhaltsverzeichnis

Einleitung

Auseinandersetzungen zwischen den Beteiligten bei umweltbedeutsamen Vorhaben stellen ein umwelt- und gesellschaftspolitisch weitreichendes Problem dar. Planungs- und Zulassungsverfahren nehmen häufig große zeitliche und finanzielle Ressourcen in Anspruch, ohne daß die Ergebnisse auf breite Zustimmung stoßen. Längst sind es nicht mehr allein Großvorhaben wie Brokdorf, Startbahn West oder Wackersdorf, die zu unversöhnlichen Meinungsverschiedenheiten führen, sondern nahezu jedes Projekt mit Auswirkungen auf die Anwohner und die Umwelt sieht sich intensiven Anzweifelungen ausgesetzt. Manchem Verantwortlichen bei den Projektträgern und den zuständigen Verwaltungen erscheint deshalb Bürgerbeteiligung bereits als ein Rezept von gestern.

Ende der 60er, Anfang der 70er Jahre war zunehmend erkannt worden, daß sich Planungen mit nennenswerten Auswirkungen für die Betroffenen nicht länger "im geheimen" vollziehen dürfen. Die tiefgreifende Demokratisierung der Entscheidungsprozesse in der Bundesrepublik verlangte Mitbestimmungsansätze, die über die Wahl repräsentativer Volksvertretungen hinausgingen. Es galt, das Schlagwort vom mündigen Bürger mit Leben zu erfüllen und "mehr Demokratie zu wagen".

Zugleich war einem gewachsenen Wissen bei den Bürgern über die Wirkungsweisen der Umweltfaktoren sowie deren Bedeutung für ihre Wohn- und Lebensverhältnisse gerecht zu werden. In den Betroffeneninitiativen ist oft sehr viel Fachwissen angesammelt, auf dessen Einbeziehung im Hinblick auf eine ausgewogene Behördenentscheidung nicht verzichtet werden darf. Schließlich haben vor allem die Gerichte der Bürgerbeteiligung einen hohen Stellenwert eingeräumt, indem sie auf die Bedeutung des Planungs- und Entscheidungsverfahrens für die Gewährleistung der Grundrechte der betroffenen Gemeinden und Bürger hinwiesen (Grundrechtsschutz durch Verfahren).

Der gesellschaftspolitischen Debatte folgend sind seit den 70er Jahren die Beteiligungsrechte der Betroffenen bei Entscheidungen über umweltbedeutsame Projekte stark ausgeweitet worden. Änderungen gab es insbesondere im Recht der Bauleitplanung und im Planfeststellungsrecht. Das Genehmigungsverfahren für immissionsschutzrechtlich bedeutsame Vorhaben wurde weitreichenden Ausgestaltungen unterworfen. Schließlich gab es eine weitere Intensivierung der Betroffenenbeteiligung sowie der Verfahrensregeln zum Schutze der Umwelt durch die gesetzliche Einführung der Umweltverträglichkeitsprüfung für eine Reihe von umweltrelevanten Vorhaben.

Die Regelungen sehen eine intensive Beteiligung der privaten Betroffenen, teilweise der Naturschutzverbände und der Gemeinden sowie der Träger öffentlicher Belange neben den Projektträgern vor. Die Behörde soll umfassend Kenntnis von den verschiedenen Problemen und Interessen erlangen, um eine Entscheidung mit dem Ziel der Konfliktlösung treffen zu können. Doch die Praxis sieht oft ganz anders aus. In den Anhörungsverfahren prallen unvermittelt Interessengegensätze aufeinander, die nahezu unüberwindbar erscheinen. Ob sie tatsächlich unüberwindbar sind, läßt sich kaum feststellen, weil die Fronten zu sehr verhärtet sind. Von seiten der Betroffenen und der Umweltverbände wird häufig beklagt, daß die Vorentscheidung zu Lasten der Anwohner und der Natur längst getroffen sei und eine unvoreingenommene Problemerörterung nicht mehr stattfinden könne. Von seiten vieler Vorhabenträger wird das Anhörungsverfahren als Hindernis für die schnelle Realisierung der Investition begriffen. Und die Behörden tendieren oft dazu, sich abzuschotten und sich einer umfassenden Problematisierung zu sperren.

Aus unserer Sicht sind es im wesentlichen die folgenden Gründe, die wir im Teil I. nachfolgend eingehender erläutern werden, die die Mängel des herkömmlichen Bürgerbeteiligungsverfahrens markieren:

– Informelle Vorverhandlungen unter Ausschluß der Öffentlichkeit führen zu schnell zu unumstößlichen Vorentscheidungen.

– Weitgehende Interessenübereinstimmungen bei Behörde und Vorhabenträger lassen die Verwaltung als parteiischen Koalitionspartner des Projektbetreibers erscheinen.

– Unbestimmte Gesetzesvorschriften führen zu einer Verwissenschaftlichung der Verwaltungsentscheidung, weil die Gefahrenabschätzungen zunehmend auf Sachverständige verlagert werden.

– Das Einwendungsverfahren wird regelmäßig nicht als Chance zum Interessenausgleich begriffen, vielmehr steht die Analyse der Konfliktfelder und der Aufbau von Streitpositionen im Vordergrund.

– Der Erörterungstermin bewirkt keine Vermittlung der Konflikte, sondern dient häufig ausschließlich zum Abstecken von Positionen im Hinblick auf Öffentlichkeitswirksamkeit sowie Gerichtsverfahren.

– Die Fremd- und Selbsteinschätzungen der Beteiligten lassen Distanzen erkennen, unter denen die Kommunikationsfähigkeit der Parteien schwer leidet.

Eine der entscheidenden Ursachen für die Konfliktverarbeitungsmängel liegt unseres Erachtens darin, daß nicht in einem offenen Prozeß zwischen allen Beteiligten ausgelotet wird, wo die entscheidenden Probleme liegen und wie sie lösbar sind. Die klassische Frontstellung des "Ja" oder "Nein", die das Verwaltungsverfahren so sehr prägt, versperrt den Blick für das Mögliche und Sinnvolle, für den Kompromiß.

Sicher gibt es Themen, bei denen an einen Kompromiß oder auch nur an ein geringfügiges Aufeinanderzugehen nicht zu denken ist. Es wäre illusionär, etwa in den Fragen der Atomenergie oder bei einer augenscheinlich einseitig der Ideologie des Gaspedals folgenden, unnötigen Autobahnplanung auf Kompromisse zu orientieren. Aber in vielen anderen Fällen sind Lösungen denkbar, die von allen akzeptiert werden können, und die in der Bilanz vor allem dem Umweltschutz dienen: Warum soll es zum Beispiel nicht möglich sein, sich aus Anlaß der Planung einer Abfallentsorgungsanlage auf ein weitergehendes Abfallvermeidungs- und Verwertungskonzept in der Region zu einigen? Warum soll es ausgeschlossen sein, daß ein neuer Betrieb seine moderne Klärtechnik der Standortgemeinde zur Verfügung stellt? Weshalb soll es undenkbar sein, bei Industrieanlagen Lösungen zu suchen, die über das umweltrechtlich zwingende Maß hinausgehen oder weitergehende Ausgleichsmaßnahmen bringen?

Ein besonders hervorstechendes Element der vorherrschenden Ja/Nein-Konstellation ist die undifferenzierte Vermischung von prinzipieller Ablehnung, Kritik an Technik und Gestaltung sowie Vorbehalten gegen den gewählten Standort. So wird sogar das in seiner Zielsetzung an sich anerkannte Ansiedlungsprojekt – z. B. eine moderne Abfallverwertungs- oder Kompostierungsanlage oder eine öffentliche Sportanlage – zu einem Vorhaben, dem **vor Ort** nahezu unüberwindbare Widerstände seitens der konkret Betroffenen entgegengebracht werden.

Vor diesem Hintergrund halten wir eine intensive Diskussion über die Anwendbarkeit von Mediation in der Bundesrepublik für dringend geboten. Mediation ist ein Verfahren zur Konfliktbewältigung bei der Planung und Ansiedlung oder Sanierung von umweltbedeutsamen Vorhaben, das in den USA inzwischen in einer Vielzahl von Fällen erfolgreich angewandt worden ist.

Bei Mediation handelt es sich um einen mittlergestützten Aushandlungsprozeß: Die verschiedenen Beteiligten und Interessenvertreter setzen sich unter der Leitung eines von allen akzeptierten, unabhängigen Konfliktmittlers zusammen und suchen nach einer Verhandlungslösung. Inhaltlich sollen die Aushandlungsprozesse auf einen Kompromiß hinauslaufen. Die Betroffenen akzeptieren das Vorhaben als solches unter der Bedingung weitgehender Zugeständnisse in ökologischer Hinsicht, verbindlicher Kontrollmöglichkeiten für die Betroffenen und von Ausgleichsmaßnahmen für die besonderen regionalen Belastungen. Der Konsens wird vertraglich festgeschrieben. Die Betroffenen verzichten aufgrund des ausgehandelten Kompromisses auf Rechtsmittel. Entscheidender als der formelle Rechtmittelverzicht ist jedoch die Qualität des Ergebnisses, das eine gerichtliche Anfechtung ebenso überflüssig wie aussichtslos erscheinen läßt.

In den letzten Jahren ist über die Möglichkeit der Übertragung derartiger Modelle auf die deutschen Verhältnisse bereits häufiger diskutiert worden. Wir stehen auf dem Standpunkt, daß Mediation bei einer Vielzahl von umstrittenen Entscheidungen auch hierzulande maßgeblich zur Konfliktbewältigung beitragen kann. Zwar kann das Modell nicht einfach kopiert werden, sondern muß auf die konkreten Verhältnisse zugeschnitten sein. Aber gerade die mögliche Konfrontation und Kombination des stark rechtschutzorientierten deutschen Verwaltungsrechts mit dem am Vertragsprinzip orientierten Aushandlungsmodell macht das Thema interessant.

Dabei muß von vornherein klar sein, daß es nicht darum gehen kann, den Bürgern nur durch (scheinbare) Offenheit eine Akzeptanz abzuhandeln, die dem Ziel eines weitgehenden Umweltschutzes und einer stärkeren Berücksichtigung der örtlichen Belange nicht wirklich Rechnung trägt. Mediation setzt ehrliche Kompromißbereitschaft voraus.

Ein besonderes Problem für den Einsatz von Mediation in der Bundesrepublik stellt das tatsächliche Machtungleichgewicht zwischen den Beteiligten dar. Die betroffenen Bürger und die Vertreter der Umweltverbände befinden sich regelmäßig in einer verhältnismäßig schwachen Position. Ihre Informationen sind begrenzt, ihre finanziellen Möglichkeiten beschränkt, ihre rechtlichen Einflußmöglichkeiten (z. B. auch Klagerechte) relativ gering, und sie agieren häufig unter hohem öffentlichen Druck vor Ort (Stichwort: Umweltschutz contra Arbeitsplätze). Mediation ist aber nur dann erfolgversprechend, wenn von einer annähernd gleichgewichtigen Ausgangssituation die Rede sein kann. Deshalb stellt das Modell an die Vorhabenträger hohe Anforderungen hinsichtlich der Bereitschaft, sich einem Aushandlungsprozeß ernsthaft zu öffnen, und zugleich sehr weitgehende Ansprüche an die Unabhängigkeit und Vermittlungsqualität des Konfliktmittlers.

Ein Entscheidungsverfahren, daß die Konfliktverarbeitung optimieren soll, muß dieser Problematik Rechnung tragen. Deshalb ist die Einhaltung folgender Verfahrensprinzipien Voraussetzung für das Gelingen von Mediation:

1. Die Beteiligung der betroffenen Bürger darf nicht zu spät, d. h. erst zu einem Zeitpunkt, nach dem bereits wesentliche Entscheidungen gefällt worden sind, stattfinden.

2. Der Entscheidungsprozeß muß transparent und fair ablaufen. Dem Prinzip der Waffengleichheit muß auch hier Geltung verschafft werden. Informationen über das Vorhaben und seine Auswirkungen sind deshalb allen Betroffenen frühzeitig zugänglich zu machen. Informationsungleichgewichte sind abzuarbeiten.

3. Die Widerstände gegen ein Projekt müssen, so lange es nur geht, als Ausdruck rationalen Handelns analysiert werden, um nicht durch das Vorwerfen irrationalen oder ideologischen Handelns frühzeitig potentielle Lösungswege zu verschließen. Positionen sind auf die dahinter zum Ausdruck kommenden Interessen abzuklopfen.

4. Die Möglichkeiten zur Berücksichtigung der betroffenen Belange müssen im Vergleich zur derzeitigen Situation wesentlich erweitert werden. Hierdurch ist die Zahl der Konfliktlösungsvarianten zu erhöhen und bei einem auf Konsens gerichteten Verfahren die Abstimmung zwischen den betroffenen Belangen und den verfügbaren Ausgleichsmaßnahmen zu erleichtern. Wesentlich ist also die Schaffung von Alternativenreichtum.

5. Die angestrebte Entscheidung muß Ausdruck eines breiten Konsenses sein, der von Vertretern aller Beteiligten auszuhandeln ist. Eine vorzeitige Ausgrenzung bestimmter Positionen muß ausgeschlossen sein.

6. Die unterschiedlichen Interessen und Positionen der Beteiligten, ihre verschiedenartigen Meinungsbildungs- und Abstimmungsstrukturen sowie die Kunst der Kompromißfindung verlangen die Einschaltung einer neutralen Vermittlerinstanz.

Das Mediationmodell sieht nicht vor, die Aushandlungsprozesse an die Stelle des Verwaltungsverfahrens treten zu lassen. Es geht also nicht um eine Abschaffung der über Jahrzehnte eingeführten Beteiligungsformen, sondern um ihre Ergänzung und Weiterentwicklung. Es kann nicht angehen, die Probleme langwieriger Planungs- und Entscheidungsprozesse einseitig den Anhörungs- und Bürgerbeteiligungsverfahren anzulasten – mit dem Ziel, sie substantiell einzuschränken. Derartige Überlegungen sind Ergebnis einer falschen Analyse und einer unzureichenden Auswertung der gesammelten Erfahrungen (vgl. z. B. Gaßner, Groth, Klinski, Möglichkeiten der Verfahrensbeschleunigung unter qualitativen und quantitativen Aspekten, 1991). Deshalb wird sich z. B. der Ansatz des Verkehrswegeplanungsbeschleunigungsgesetzes als Sackgasse erweisen.

Noch bestehen von seiten aller Beteiligten relativ große Vorbehalte gegen das Mediationmodell, die unseres Erachtens vor allem auf die mangelnde Erfahrung sowie auf die fehlende Vorstellungskraft vom praktischen Ablauf und der Tragfähigkeit der Lösungen beruhen. Wir wollen mit diesem Buch versuchen, diese Lücke ein wenig zu füllen: Praktische Anwendungsmöglichkeiten aufzeigen, Chancen und Grenzen beschreiben und dabei nicht zuletzt die Interessenlage der verschiedenen Beteiligten berücksichtigen.

Das Buch will nicht dem Anspruch gehorchen, Einzelfragen wissenschaftlich zu durchdringen, sondern soll einem vielfachen Wunsch von seiten der Praktiker entsprechen, Anwendungsmöglichkeiten und Verfahrensbestandteile des Mediationmodells näher erläutert zu sehen.

In Teil I. werden wir beschreiben, auf welche Weise Mediationverfahren in Deutschland initiiert werden können, wie sie ablaufen sollten, was dabei zu beachten ist und wie die Verhandlungsergebnisse abgesichert werden können. In Teil II. werden wir auf verschiedene Einsatzfelder eingehen und schließlich in Teil III. einige Anwendungsansätze mit ersten Mediationerfahrungen aufzeigen.

I. Mediation als Möglichkeit zur Konfliktlösung

1. Mängel des herkömmlichen Verwaltungsverfahrens

1.1 Ursachen für Bürgerproteste

Der Erfolg westlicher Marktwirtschaften beruht nach klassischer Lehre darauf, daß der einzelne durch rationales Handeln seinen eigenen Nutzen maximieren kann. Für die Ansiedlung umweltrelevanter Projekte bedeutet dieses folgendes:

Eine Verwaltungsentscheidung wird um so eher vom Bürger akzeptiert, je mehr sie mit seinen Interessen übereinstimmt. Übersteigen die für den einzelnen subjektiv, d. h. in seiner Wahrnehmung, zu erwartenden Kosten ihren Nutzen, so entspricht es rationalem Handeln, wenn er gegen die Entscheidung opponiert. Die größte Protestmotivation dürften hierbei die Personen haben, die mit den höchsten Kosten belastet werden sollen.

Diese theoretischen Erwägungen finden ihre Bestätigung in empirischen Untersuchungen über die Gründe von Bürgerprotesten (eingehend Holznagel, Konfliktlösung durch Verhandlungen, S. 38 ff.). Als die dominierende Ursache für die lokale Opposition gegen umweltgefährdende Anlagen wird die Angst vor einem Schadenseintritt mit ungewissen Folgen für die Gesundheit und die Umwelt sowie für den Wohlstand in der Standortgemeinde angeführt. Im allgemeinen werden diese Bedenken auf Erfahrungen mit technischen Versäumnissen, Kosteneinsparungen, fahrlässigem Fehlverhalten oder Unglücksfällen gestützt. Die an zweiter Stelle angegebene Ursache für Bürgerproteste ist die Furcht vor materiellen Einbußen im Falle einer Anlagenerrichtung vor Ort. Viele Anlagen, z. B. für die Entsorgung von Abfällen, schaffen regelmäßig nur wenig Arbeitsplätze und bringen nur geringe zusätzliche Einnahmen in die Gemeindekassen. Auf der anderen Seite besteht die realistische Befürchtung, daß die Grundstückspreise in Standortnähe fallen. Allerdings führen die Bürger nicht nur materielle Gründe für ihre Einstellung an. Sie opponieren auch, weil sie Geruchs- und Lärmbelästigungen oder sonstige Beeinträchtigungen ihrer Lebensqualität erwarten. Schließlich gehen Bürger bzw. Gemeinden aber auch nicht selten aus Gerechtigkeitserwägungen gegen ein neues Vorhaben vor. Bei der Ansiedlung von Abfallentsorgungsanlagen wird es z. B. häufig als ungerecht empfunden, wenn die vorgesehene Standortgemeinde allein das Risiko der Entsorgung für eine gesamte Region tragen soll. Insbesondere die Bewohner ländlicher Gegenden lehnen es ab, den Abfall von ohnehin bevorzugten industrialisierten Gegenden aufzunehmen (Stadt-Land-Konflikt).

Das von den Betroffenen erwartete negative Kosten-Nutzen-Verhältnis ist jedoch nicht die einzige Ursache für Bürgerproteste. Häufig sind es auch die behördlichen Entscheidungsprozesse, die auf Kritik stoßen. Die bestehenden Möglichkeiten der Bürgerbeteiligung werden vielfach nicht als offen und fair empfunden.

1.2 Modellstruktur der Zulassungsverfahren

Nach dem klassischen Bild der förmlichen Zulassungsverfahren im deutschen Verwaltungsrecht beginnen die Verfahren für eine Unternehmensgenehmigung (BImSchG, AtG, LuftVG) oder eine Planfeststellung mit einem entsprechenden Antrag des Vorhabenträgers. Nach Prüfung der Vollständigkeit der Unterlagen durch die zuständige Behörde werden diese denjenigen Fachbehörden zugeleitet, deren Aufgaben von dem Projekt berührt sein können. Parallel dazu wird die Öffentlichkeitsbeteiligung durch Bekanntmachung und Auslegung der Antragsunterlagen eingeleitet, soweit eine solche gesetzlich vorgesehen ist. Die Fachbehörden geben ihre Stellungnahmen ab, und aus der betroffenen Öffentlichkeit können Einwendungen erhoben werden. Die Stellungnahmen und Einwendungen werden mit den Beteiligten im Erörterungstermin ausführlich durchgesprochen. Danach sind gegebenenfalls weitere Untersuchungen anzustellen, und schließlich hat die zuständige Behörde über verbleibende Vorbehalte zu entscheiden. Veränderungen am Projekt können in der Zulassungsentscheidung regelmäßig nur durch Auflagen bewirkt werden, wenn nicht – was eine eher theoretische Überlegung ist – die planerische Abwägungsentscheidung im Planfeststellungsverfahren gegen das Vorhaben ausgeht.

Die bestehenden rechtlichen Regeln über eine Bürgerbeteiligung suggerieren, daß der Vorhabenträger und die Bürger gleichberechtigte Chancen haben, auf die abschließende Verwaltungsentscheidung Einfluß zu nehmen. Während der Vorhabenträger seine Vorstellungen in seinem Projektantrag darlegt, erhalten die hiervon in ihren Belangen berührten Bürger die Gelegenheit zu schriftlichen und mündlichen Stellungnahmen. Die Behörde fungiert in diesem Verfahrensmodell – idealtypisch gesehen – in der Rolle eines neutralen Dritten, der nach

8

Darlegung der Auffassungen der streitenden Parteien eine Entscheidung fällt.

Der gebotene Interessenausgleich zwischen den verschiedenen Beteiligten kann in der Praxis jedoch regelmäßig nicht realisiert werden. Dies hat seine Ursachen einerseits in Defiziten des Bürgerbeteiligungsverfahrens, andererseits in einem unzureichenden Entscheidungsspielraum.

1.3 Konfliktverarbeitungsdefizite des Bürgerbeteiligungsverfahrens

Das herkömmliche Bürgerbeteiligungsverfahren erweist sich bei Konflikten wegen umweltbedeutsamer (Groß-)Vorhaben zunehmend als ungeeignet, einen unvoreingenommenen Dialog mit den betroffenen Bürgern und Gemeinden zu eröffnen. Es dürfte deshalb nicht überzogen sein, von einer Krise des herkömmlichen Bürgerbeteiligungsverfahrens zu sprechen. Hierfür sind vor allem folgende Gründe anzuführen (zum Ganzen jetzt auch Würtenberger, Verbesserung der Akzeptanz von Verwaltungsentscheidungen, Freiburg 1991).

1.3.1 Informelle Vorverhandlungen

Bereits lange vor der Antragsstellung gibt es zwischen dem Vorhabenträger und der zuständigen Behörde regen Kontakt mit dem Ziel, entscheidende Punkte vorabzuklären.

Empirische Untersuchungen haben ergeben, daß bei umweltrelevanten Großvorhaben die Vorverhandlungszeit zum Teil wesentlich länger dauert als das förmliche Verfahren zu ihrer Zulassung. In der Vorverhandlungsphase werden insbesondere Standortfragen geklärt, die strittigen Ansichten zu den maßgeblichen technischen und rechtlichen Problemkreisen besprochen, die zu erwartenden Einwendungen diskutiert und die einzuholenden Sachverständigengutachten verabredet. Nicht selten werden schließlich sogar die Einzelheiten der Antragsformulierung mit der Verwaltung abgestimmt.

Praktisch werden regelmäßig alle wesentlichen verfahrens- und materiell-rechtlichen Voraussetzungen der Projektrealisierung intensiv besprochen. Die Beteiligten sind zwar rechtlich nicht zur Einhaltung der gefundenen Abklärungsresultate verpflichtet. Wenn sich aber Antragsteller und Behörde in monate- oder sogar jahrelangen informellen Vorgesprächen einmal geeinigt haben, dann ist nicht zu erwarten, daß die betroffenen Bürger im anschließenden formellen Verfahren noch wesentliche Änderungen oder gar die Ablehnung des Projekts durchsetzen können. Damit wird deutlich, daß die Öffentlichkeitsbeteiligung zumeist erst beginnt, wenn für den Antragsteller und die Verwaltung der Planungs- und Entscheidungsprozeß weitestgehend abgeschlossen ist.

Die nachfolgende Bürgerbeteiligung stellt für den Vorhabenträger und die Behörde nurmehr eine gesetzlich vorgeschriebene Pflichtübung dar, die sie möglichst reibungslos "durchzuziehen" suchen. Bei den betroffenen Bürgern muß diese Situation ein Gefühl der Ohnmacht hervorrufen, auf das mit Wut oder Resignation reagiert wird. Soweit sie sich gleichwohl beteiligen, gehen sie mit großem Mißtrauen und der Einschätzung geringer Erfolgsaussichten in das Verfahren.

Die derzeitige Praxis informeller Vorverhandlungen ohne Öffentlichkeitsbeteiligung muß deshalb als eine wesentliche Ursache für die Krise der Bürgerbeteiligungsverfahren angesehen werden.

1.3.2 Die Koalition von Vorhabenträger und Verwaltung

Das Mißtrauen der Bürger wird noch verstärkt, wenn weitgehende Interessenübereinstimmungen zwischen Behörde und Vorhabenträger vorhanden sind und diese nach außen geschlossen auftreten. Das ist insbesondere der Fall, wenn der Vorhabenträger selbst Teil der staatlichen Verwaltung ist oder aber zumindest von dieser beherrscht wird.

Das gilt beispielsweise für Teile der Abfallentsorgung oder für Großprojekte des Straßen-, Eisenbahn- und Luftverkehrs. Ähnlich sieht es im Bereich der Atom- und Energieanlagen sowie neuerdings im Bereich der Gentechnologie aus. Hier verfolgt der Staat, häufig unter starkem finanziellem Engagement, bestimmte wirtschafts-, energie- und forschungspolitische Ziele, die in Gefahr gerieten, wenn bestimmte Vorhaben an den Einwendungen der Bürger scheitern könnten.

Ferner finden umweltrelevante Vorhaben häufig die Unterstützung des Staates, weil ihre Ansiedlung aus verschiedenen wirtschafts-, arbeitsmarkt- und regionalpolitischen Erwägungen den politischen Verantwortungsträgern sinnvoll erscheint. Für eine Vielzahl umweltrelevanter (Groß-)Projekte gilt, daß das förmliche Verfahren in der Regel nur dann eingeleitet wird, wenn Vorhabenträger und Staat zuvor die Übereinstimmung ihrer Interessen festgestellt haben. Mit Beginn der

Öffentlichkeitsbeteiligung sieht sich der Bürger deshalb häufig einer faktischen Koalition von Antragsteller und Verwaltung gegenüber.

Aufgrund ihrer Verfahrensherrschaft im Beteiligungsverfahren erscheint die staatliche Verwaltung schließlich meist als Motor des Vorhabens. Dem Ideal des auf Kommunikation und Konsens abzielenden, neutralen Verfahrensbeteiligten kann die Verwaltung so nicht mehr gerecht werden.

1.3.3 Verwissenschaftlichung der Verwaltungsentscheidung im Bereich des Umweltrechts

Der Gesetzgeber sieht sich im Bereich des Umweltrechts vor die Aufgabe gestellt, Normen zu schaffen, die die Technologieentwicklung und die fortschreitenden Erkenntnisse des Umweltschutzes berücksichtigen. Er löst diese Aufgabe, wie die vergangenen Jahre gezeigt haben, in der Regel nicht durch eine verstärkte Ausdifferenzierung der Gesetze.

Vielmehr ist festzustellen, daß die gesetzliche Programmierung zunehmend schwächer und die Verwaltungtätigkeit durch Einräumung von Ermessensentscheidungen, Beurteilungsspielräumen und planerischen Gestaltungsaufgaben in die alleinige Verantwortung der Verwaltung gegeben wird. Diese ist bei der Beurteilung regelmäßig überfordert und sucht zur Ausfüllung der normativen Begriffe die Hilfe von Wissenschaft und Technik sowie deren Institutionen (z. B. DIN, VDI etc.).

Daraus ergeben sich aber neue Fragen:

1. Welche Bedeutung haben Normen, die von privaten Verbänden, wie insbesondere DIN, VDE und VDI, aufgestellt wurden? Sofern solche Normungen vom Gesetz in bezug genommen werden, stellt sich die Frage, ob und inwiefern Festlegungen von verfassungsrechtlich nicht legitimierten Instanzen rechtlich verbindlich gemacht werden können.

2. Inwieweit lassen sich Gefahrenabschätzungen für bestimmte Bereiche, wie sie sich beispielsweise in der Liste gefährlicher Arbeitsstoffe (MAK-Liste) finden, auf andere Lebenssachverhalte übertragen? Der Streit um die hinnehmbare Belastungsgrenze bei Perchloräthylen ("PER") aus chemischen Reinigungen ist hier ein bekanntes Beispiel.

3. Wie ist damit umzugehen, daß Grenzwerte oder andere naturwissenschaftliche Aussagen zur Bestimmung von Gefahren- und Vor-

sorgebereichen selbst nicht objektive Feststellungen darstellen, sondern Normsetzungsprodukte sind, denen bestreitbare Prämissen zugrundeliegen?

Wissenschaft ist selbst ein fortschreitender Prozeß. Sie ist häufig nicht zu festliegenden Grenzziehungen, sondern letztlich nur zu hypothetischen Aussagen in der Lage. Vor allem aber stellt das, was im Rechtsbereich als "Stand der Technik" bzw. "Stand von Wissenschaft und Technik" bezeichnet wird, häufig nur einen vorübergehenden Konsens der Mehrheit der Wissenschaftsgemeinde dar. Diese Mehrheitsmeinung ist selten unumstritten und kann durch neue Erkenntnisse schnell aufgelöst werden. Der Verweis auf den Stand von Wissenschaft bzw. Technik gibt daher kein absolut sicheres Fundament für Entscheidungen. Der Verwaltung ist die hieraus resultierende Verunsicherung häufig anzumerken. Sie versucht mit der Verwissenschaftlichung der Entscheidungsgrundlagen offensiv umzugehen, indem vom Antragsteller bereits frühzeitig Gutachten zu den sicherheitstechnischen und umweltrelevanten Fragestellungen verlangt werden. Das Gutachterwesen ist aber ein weiterer problematischer Aspekt in den herkömmlichen Bürgerbeteiligungsverfahren.

Bei den Gutachtern stellt sich zunächst das Problem des Rollenverständnisses. Gutachten stellen vornehmlich natur- und ingenieurwissenschaftliches Wissen zur Verfügung, das sich auf technische Belange des zu prüfenden Vorhabens beschränkt und relevante Themen der Einwender, z.B. Sozialverträglichkeitsbetrachtungen oder Technologiefolgenabschätzungen, unbehandelt läßt. Der Vermittlungsstil der Gutachten ist meist nicht gerade "bürgerfreundlich". So wird in gutachterlichen Äußerungen beispielsweise durchgängig eine schwer verständliche Fachsprache verwandt. Dem Unbehagen breiter Kreise der Bevölkerung gegenüber fachwissenschaftlichen Methoden, z. B. Wahrscheinlichkeitsberechnungen zur Ermittlung des sogenannten Restrisikos, wird wenig Verständinis entgegengebracht. Die Bürger zeigen wenig Vertrauen in die Gutachterergebnisse, weil der wissenschaftliche Streitstand meist nicht unter Benennung von Konsens und Dissens offengelegt wird.

Häufig sind Gutachter auch positiv für das Projekt voreingenommen, weil sie aus Kreisen kommen, die die Entwicklung und die sicherheitstechnischen Verbesserungen der betreffenden Technik zum Berufsinhalt haben.

Vor allem aber stehen den betroffenen Bürgern keinerlei Mitwirkungs-rechte bei der Beauftragung von Gutachtern zu. Zwischen Verwaltung und Antragsteller wird ausgehandelt, zu welchen Fragestellungen Gut-achten erstellt werden. Diese Parteien allein entscheiden, an welche Gutachter die Aufträge gehen.

1.3.4 Die Mängel des Einwendungsverfahrens

Antragsteller und Verwaltung gehen häufig aufgrund entsprechender Erfahrungen in der Vergangenheit bei umweltrelevanten Großvorha-ben von vornherein davon aus, daß die abschließende Zulassungsent-scheidung durch betroffene Bürger einer gerichtlichen Überprüfung ausgesetzt werden wird. Diese Erwartungshaltung provoziert ein stra-tegisches Verhalten aller Beteiligten. Extrempositionen werden einge-nommen, und Fakten, die die eigene Position schwächen könnten, werden verschwiegen. Vor diesem Hintergrund sind die Mittel der Ein-wender zur Informationsbeschaffung und Argumentationsentwicklung sehr beschränkt. Ihnen fehlt oft die erforderliche Fachkunde und die ausreichende (Frei-)Zeit. Die Kosten für die Einholung unabhängiger Gutachten können von den betroffenen Bürgern meist überhaupt nicht oder nur unter großen Mühen aufgebracht werden.

Selbst durch umfangreiche Aktivitäten des Vorhabenträgers wird das Informationsungleichgewicht oft nicht überwunden. Zu häufig betrach-ten die Vorhabenträger ihre Informationstätigkeit lediglich als PR-Ar-beit, so daß von der betroffenen Seite wiederum mit tiefem Mißtrauen reagiert wird.

Des weiteren beklagen die Bürger oft den unzureichenden Umfang der Antragsunterlagen. Gerade die für die Vorhabenbeurteilung erforderli-chen und eingeholten Gutachten sind meist nicht generell zugänglich. Ihre Bekanntgabe erfolgt in dem Maße, wie dies im Hinblick auf eine festgelegte Informationspolitik taktisch geschickt erscheint. Teil des benannten strategischen Verhaltens ist es, den Informationsansprü-chen der Bürger sehr reserviert zu begegnen. Akteneinsicht wird oft nicht ausreichend und vor allem im Hinblick auf Einwendungsfristen und Erörterungstermine nicht rechtzeitig erteilt.

Zwar enthält § 29 VwVfG die grundsätzliche Pflicht der Behörden, be-troffenen Bürgern Akteneinsicht zu gewähren. Im Planfeststellungs-verfahren wird den Behörden jedoch ein Ermessensspielraum zugebil-ligt. Besonders im immissionsschutzrechtlichen Genehmigungsverfahren ist darüber hinaus die Anwendung des § 30 VwVfG von Bedeutung. Danach hat der jeweilige Antragsteller einen Anspruch darauf, daß Betriebs- und Geschäftsgeheimnisse von der Behörde nicht unbefugt offenbart werden.

Die Behörde steht also bei jeder Entscheidung über Akteneinsicht vor dem Problem, auslegen zu müssen, ob in den jeweiligen Unterlagen Daten enthalten sind, die als Betriebs- und Geschäftsgeheimnisse geschützt werden müssen. Es ist verständlich, wenn die Behörden vor diesem Hintergrund vorsichtig mit der Akteneinsicht für betroffene Bürger umgehen. Auch ist nicht verwunderlich, wenn faktisch mit dem Hinweis auf datenschutzrechtliche Interessen des Antragstellers wichtige Informationen verwehrt werden, obwohl dies unter Umständen weder datenschutzrechtlich erforderlich noch sachgerecht ist. Jedenfalls entsteht bei den Betroffenen häufig dieser Eindruck.

Wenngleich die Beteiligung der Bürger zumindest bei Großvorhaben eine gewisse Stärkung durch die Unterstützung seitens überregionaler Initiativen und kritischer Forschungseinrichtungen erfahren hat, so hat sich an der Verfahrensstruktur doch nichts Grundsätzliches geändert. Die Beteiligung engagierter Bürger wird von den Projektbefürwortern häufig als Angriff auf das Vorhaben gewertet, den es abzuwehren gilt. Das Einwendungsverfahren wird nicht als Chance zum Interessenausgleich begriffen. Vielmehr steht die Analyse der Konfliktfelder und der Aufbau von Streitpositionen im Vordergrund.

1.3.5 Die Farce des Erörterungstermins

Der Erörterungstermin ist nach dem Willen des Gesetzgebers das Kernstück der Öffentlichkeitsbeteiligung. Hier sollen die Auswirkungen eines Vorhabens bzw. einer Planung mit den Betroffenen und Einwendern erörtert sowie nach Möglichkeiten eines umfassenden Interessenausgleichs gesucht werden. Viele Beispiele in der Vergangenheit zeigen aber, daß der Erörterungstermin bei umweltrelevanten (Groß-) Vorhaben zu langwierigen und tiefgreifenden Meinungsverschiedenheiten zwischen den beteiligten Kontrahenten führt: Nach den informellen Vorverhandlungen und aufgrund der Vorgeschichte, die häufig von heftigen Auseinandersetzungen in Presse und Politik geprägt ist, glaubt keiner der Beteiligten mehr ernsthaft an eine problembezogene Erörterung.

Nur in seltenen Fällen besteht noch die Bereitschaft, innerhalb des Erörterungstermins einen Interessenausgleich zu suchen. Meist nehmen die verschiedenen Beteiligten strategische Positionen ein, die nicht mehr verhandlungsfähig sind:

– von seiten des Vorhabenträgers wird ein fertiges Konzept vorgelegt, das als nicht mehr veränderungsbedürftig angesehen wird,

– von seiten der Zulassungsbehörde wird diese Position geteilt, wenn sie – wie üblich – an der Erarbeitung informell maßgeblich mitgewirkt hat,

– von seiten der Einwenderseite wird kein Verhandlungsspielraum erkannt und stattdessen auf eine öffentlichkeitswirksame Darstellung der Kritik und auf ein möglicherweise nachfolgendes Gerichtsverfahren orientiert.

Vor diesem Hintergrund wird der Erörterungstermin regelmäßig zur Farce.

Die Antragssteller wappnen sich regelmäßig mit einem Heer von naturwissenschaftlichen Fachleuten und spezialisierten Juristen, deren Handlungserfolg vom Auftraggeber daran gemessen wird, inwieweit es ihnen gelingt, Einwendungen "vom Tisch zu fegen".

Auf seiten der Einwender mischen sich zum Teil sehr unterschiedliche Motivlagen. Viele Einwender neigen zu einer generellen Ablehnungshaltung, obwohl dies in der Sache nicht sein müßte. Kritik an der Gestaltung, am Standort, am mangelnden Ausgleich oder an der Betriebsweise eines Vorhabens wird nicht mehr differenziert entwickelt, so daß lösbare Probleme ungelöst bleiben.

Die Verwaltung nimmt schließlich im Erörterungstermin häufig eine Rolle ein, die der gesetzlich vorgesehenen Stellung im Verfahrensprozeß nicht mehr entspricht, nämlich der übergeordneten Anhörungsbehörde, die unparteiisch Einwendungsvorträge und Repliken zur Kenntnis nimmt. Für die Verwaltung scheint der Erörterungstermin vielmehr ausschließlich die Funktion zu haben, mögliche Schwachpunkte, die eine Anfechtbarkeit des Vorhabenkonzepts begründen könnten, noch rechtzeitig ausloten und abwenden zu können.

Die Auswertung des Erörterungstermins ist auf dieser Basis nicht besser als sein Ablauf: Während die Bürger sämtliche Einwendungen aufrechterhalten, gibt die Verwaltung dem Antragsteller keine Änderungen in der Planung auf, weil ein Nachgeben aufgrund von Einwendungen im Erörterungstermin als Niederlage empfunden würde. Trotzig verteidigen die Behörden, der Palmström-Logik folgend – daß "nicht sein kann, was nicht sein darf" – ihr obrigkeitsstaatliches Selbstbild, allein das Allgemeinwohl zu vertreten und die wirklichen Verfechter der betroffenen Belange zu sein. Wenn eine Planänderung gleichwohl unumgänglich sein sollte, dann muß sie zwangsläufig für unbedeutend erklärt werden, weil die verschiedenen Umweltgesetze bei bedeutenden Änderungen ein erneutes Beteiligungsverfahren verlangen. Der "Schmach" des Einlenkenmüssens will sich die Verwaltung aber, wenn sie schon nicht vermeidbar sein sollte, nicht vor der Öffentlichkeit der Einwender ausgesetzt sehen.

In abfallrechtlichen Planfeststellungsverfahren ist es neuerdings üblich geworden, verstärkt von der Möglichkeit Gebrauch zu machen, den Beginn der Ausführung schon vor dem Abschluß des Planfeststellungsverfahrens zuzulassen (§ 7 a AbfG). Aus Bürgersicht stellt sich dieses Vorgehen so dar, daß man nach der Pflichtübung des Beteiligungsverfahrens nunmehr endlich dem Vorhaben "Grünes Licht" geben will, ohne die gebotene inhaltliche Auseinandersetzung mit den Einwendungen abzuwarten. Die Ergebnisse des Verfahrens erscheinen wegen der Zulassung des vorzeitigen Beginns endgültig präjudiziert. Damit bestätigt sich für die Bürger die Ausgangsvorstellung von der Bedeutung der Bürgerbeteiligung auf ein neues: Sie hat keinen Einfluß auf die Vorhabenplanung.

1.3.6 Der Verlust an Kommunikationsfähigkeit

Das beschriebene Rollenverhalten der am Verfahren Beteiligten führt zu einer Kommunikationsstruktur, in der niemand mehr die andere Partei versteht.

Die Programmgruppe Mensch, Umwelt, Technik im Forschungszentrum Jülich hat in ihrem neuesten Bericht eine Matrix der Selbst- und der Fremdeinschätzung der Beteiligten erstellt. (Wiedemann u. a., Bürgerbeteiligung, S. 17 ff.) Die Entsorgungsindustrie sieht sich z. B. selbst als Anbieter kompetenter Problemlösungen, zugleich aber auch als Sündenbock. Sie glaubt sich oftmals in der Rolle des zu unrecht Beschuldigten und fühlt sich hilflos. In der Einschätzung der anderen Konfliktbeteiligten wird dieser Industriezweig als der Umweltverschmutzer betrachtet. Es wird ihm Profitorientierung und Dialogverweigerung vorgeworfen. Die Anwohner sehen sich als Benachteiligte und Opfer, die nur mit unzulänglichen Machtmitteln ausgestattet sind. Von der Gegenseite wird ihnen Hysterie und Irrationalität unterstellt.

16

Sie seien den eigenen gruppenegoistischen Interessen verhaftet und würden daneben das Allgemeinwohl völlig außer acht lassen.

Die Verwaltung sieht sich in der ausgleichenden Rolle des steuernden Planers und des Schlichters. Nach Auffassung der Opponenten wird ihr häufig starke Industrienähe und mangelnde Bürgernähe vorgeworfen. Von seiten der Vorhabenträger wird die Verwaltung oft als verunsicherter Auflagenproduzent und als willfähiges Instrument der Politik betrachtet.

Je größer die Differenz in der Selbst- und Fremdeinschätzung der Akteure, desto schwieriger ist eine sachliche Konfliktlösung. Angesichts des beschriebenen Kommunikationschaos und gegenseitigen Mißtrauens stellt sich schon allein aus diesem Grund die Frage, ob die beteiligten Parteien nicht vielmehr eines nicht im Konflikt verstrickten, neutralen Dritten bedürfen.

1.4 Konfliktverarbeitungsdefizite der Verwaltungsentscheidung

Maßnahmen, die der Verminderung und Kompensation von Belastungen oder sogar der Herstellung eines positiven Kosten-Nutzen-Verhältnisses dienen, sind das wohl bedeutendste Mittel, um die Einstellung und das Verhalten der nachteilig Betroffenen gegenüber einem Ansiedlungsvorhaben zu verändern. Die Gestaltungsmöglichkeiten für solche Maßnahmen sind im herkömmlichen Genehmigungs- und Planfeststellungsverfahren jedoch sehr begrenzt. Die wesentlichen Vorgaben zur Anlagenkonzeption macht der Vorhabenträger. Modifikationen können nur durch Bedingungen oder Auflagen durchgesetzt werden. Dabei können Schutz- und Ausgleichsmaßnahmen regelmäßig nur vom Vorhabenträger und nur am Standort selbst verlangt werden.

In Genehmigungs- und Planfeststellungsverfahren haben Auflagen eine unterschiedliche Funktion:

Bei der Unternehmensgenehmigung hat der Antragssteller einen Anspruch auf die beantragte Genehmigung, sofern die gesetzlich vorgegebenen Anforderungen an Bau und Betrieb der Anlage erfüllt werden. Auflagen können daher nur in dem Umfang erteilt werden, in dem sie zur Sicherstellung der Einhaltung der gesetzlichen Voraussetzungen der Genehmigung erforderlich sind.

Demgegenüber dient die Auflage im Planfeststellungsbeschluß dem Interessenausgleich. Sie ist zum Schutz des Allgemeinwohls oder zur Vermeidung nachteiliger Wirkungen des Vorhabens auf Rechte Dritter konzipiert. Soweit dies nicht in ausreichendem Maße technisch oder wirtschaftlich möglich ist, kann bei gemeinnütziger Planfeststellung den Planbetroffenen ein finanzieller Ausgleich zugesprochen werden. Auf den ersten Blick stellt sich deshalb der Entscheidungsspielraum der Planfeststellungsbehörde ganz anders dar.

In beiden Verfahren weisen die Auflagen jedoch erhebliche Konfliktverarbeitungsdefizite auf. Im Genehmigungsverfahren ist die Berücksichtigung von Bürgerbelangen über die gesetzlich vorgeschriebenen Mindeststandards überhaupt nicht vorgesehen. Doch auch im Planfeststellungsbeschluß kann keine Auflage zum Ausgleich solcher Interessen gemacht werden, die sich nicht als individuelle Rechtspositionen verdichten lassen bzw. nicht das Gewicht von Allgemeinwohlbelangen beanspruchen können.

Im Planfeststellungsverfahren kann derjenige Einwendungen erheben, der befürchten muß, durch das beabsichtigte Vorhaben Nachteile zu erleiden. Das Planfeststellungsrecht stellt aber nicht entsprechend sicher, daß die bloßen Nachteile dieses Betroffenenkreises auf der Ebene der materiellen Entscheidung umfassend berücksichtigt werden. Insofern kommt es vielmehr ausschließlich auf die Frage einer subjektiven Verletzung möglicher Rechte an. Der Kreis der geschützten subjektiven Rechte ist aber wesentlich enger als der der möglicherweise nachteilig berührten tatsächlichen Interessen. Häufig können deshalb die Interessen der – rechtlich gesehen – nur mittelbar betroffenen Anwohner eines umweltbedeutsamen Großvorhabens nicht adäquat aufgegriffen und ausgeglichen werden, z. B.

– Grundstückswertminderungen im Einflußbereich eines Großvorhabens,
– Wohnwertverluste durch erhöhte Umweltbelastungen,
– Beeinträchtigung der Freizeit- und Erholungsfunktion eines Gebietes.

Entsprechendes gilt für die Probleme einer Anlieger- oder Standortgemeinde, der durch ein Vorhaben im Vergleich zur weiteren Umgebung besondere Belastungen zugemutet werden, zu deren Ausgleich keinerlei spezifisches Instrumentarium zur Verfügung steht.

Adressat einer Auflage kann nur der Vorhabenträger sein, obwohl der Kreis der durch die Verwirklichung eines umweltbedeutsamen Großvorhabens praktisch Begünstigten regelmäßig viel weiter zu stecken ist. Die Zulassung einer Abfallentsorgungsanlage kann beispielsweise von der Planfeststellungsbehörde nicht mit Auflagen zur verstärkten Abfallvermeidung der anliefernden Gewerbeabfallerzeuger verbunden werden. Auch soweit Kommunen und verschiedene staatliche Verwaltungen ein großes Interesse an der Realisierung des Vorhabens haben, können sie von der nur dem Vorhabenträger gegenüber ergehenden Zulassungsentscheidung nicht erfaßt werden. Eine Verpflichtung, sich an dem Ausgleich der durch das Vorhaben nachteilig betroffenen Interessen zu beteiligen, scheidet nach der herkömmlichen Entscheidungsstruktur völlig aus.

Maßnahmen zum Schutz und Ausgleich können vom Vorhabenträger regelmäßig nur an der Anlage selbst bzw. auf dem entsprechenden Grundstück oder unmittelbaren Anliegergrundstücken verlangt werden. Darüber hinausgehende Ersatzmaßnahmen außerhalb des Anlagengeländes sind bislang nur in den Naturschutzgesetzen bei Eingriffen in Natur und Landschaft vorgesehen, die nicht vor Ort ausgeglichen werden können. Dieser rechtlich gebotene "Ortszusammenhang" zwischen Projektstandort und Schutz- und Ausgleichsmaßnahmen beschränkt die Vielfalt denkbarer Kompensationen nicht nur örtlich, sondern auch sachlich sehr stark.

Nur in Ausnahmefällen und lediglich zum Ausgleich individueller Rechtsbeeinträchtigungen ist die finanzielle Entschädigungsleistung vorgesehen. Wie gezeigt, kann aber auch die Bevölkerung in der Umgebung oder die Standortgemeinde Nachteile erleiden, die durch Auflagen zur Vorhabengestaltung nicht ausreichend kompensiert werden können. Eine Gewährung von Geldzahlungen oder Geldwertleistungen kann in solchen Fällen nicht verfügt werden. Soweit sie gleichwohl außerhalb der förmlichen Verwaltungsverfahren erfolgen, wird damit eher der Verdacht geheimnisumwitterter Korruption als der Ruf einer sinnvollen Interessenberücksichtigung verbunden.

2. Der Einsatz von Konfliktmittlern im amerikanischen Umweltrecht

Die skizzierte Entwicklung in der Bundesrepublik Deutschland gibt Anlaß, über neue Formen der Konfliktbewältigung nachzudenken. Dabei werden wir verstärkt die Einsatzmöglichkeiten des Mediationmodells erörtern.

2.1 Grundgedanken des Mediationmodells

Mediation ist ein in den USA entwickeltes Modell der Konfliktlösung durch Verhandlungen unter Einschaltung eines neutralen Dritten. Insbesondere bei Ansiedlungskonflikten um "lulu's" (local unwanted land uses) werden konsensuale Verhandlungsverfahren seit Beginn der 70er Jahre intensiv diskutiert und in der Praxis eingesetzt. Die erhöhte Komplexität behördlicher Entscheidungsprozesse durch die Einführung der UVP sowie Dauer und Kosten langwieriger Verwaltungs- und Gerichtsverfahren waren wesentliche Motive, über neue Formen der Konfliktbewältigung bei Umweltstreitigkeiten nachzudenken. Einige wesentliche Diskussionsetappen zum Einsatz von Konfliktmittlern im amerikanischen Umweltrecht werden nachfolgend zusammengefaßt.

2.2 Die Gründe für den Gebrauch konsensualer Entscheidungsverfahren

Außergerichtliche Verfahren der Streitbeilegung haben in den Vereinigten Staaten eine lange Tradition. Die Suche nach "Alternativen zur Justiz" ist vor allem durch die Überlastung der Gerichte motiviert. Schlichter und Schiedsrichter werden herkömmlicherweise eingesetzt, um die Lösung von familien-, nachbar-, verbraucher- und arbeitskampfrechtlichen Konflikten zu vereinfachen und zu beschleunigen. Gegenwärtig ist man darum bemüht, für jedes Konfliktfeld ein entsprechendes Verfahren der Streitbeilegung zu entwickeln. So werden Verhandlungslösungen insbesondere bei lang andauernden Beziehungen zwischen den streitenden Parteien, wie dies zum Beispiel bei Nachbarn und in den Betrieben üblich ist, empfohlen. Neutrale Dritte mit Entscheidungsgewalt, wie zum Beispiel Schiedsrichter, sollen indes zum Einsatz kommen, wenn unvereinbare Wertentscheidungen im Streit liegen.

Erst seit Beginn der 70er Jahre werden diese zunächst für das Privatrecht entwickelten Modelle der Konfliktregulierung in das amerikanische Umweltrecht übertragen. Im Zentrum der Kritik einer gerichtlichen Verarbeitung von Umweltschutzkonflikten steht auch hier der dabei entstehende hohe Zeit- und Kostenaufwand. Es ist kein Zufall, daß die Entwicklung von kooperativen Verfahren und Inhalten der Entscheidungsfindung mit der Einführung der Umweltverträglichkeitsprüfung in das amerikanische Umweltrecht zusammenfällt. Die Erleichterung der Anfechtung dieser Prüfung, die durch die Rechtsprechung des amerikanischen Verfassungsgerichts bewirkt wurde, hatte zu einer drastischen Erhöhung der Anzahl gerichtlicher Verfahren geführt. Hierdurch wurde das Drohpotential und damit die Tauschmacht der von einer Ansiedlungsentscheidung Betroffenen erheblich ausgeweitet, so daß diese frühzeitig in die Vorverhandlungen zwischen dem Vorhabenträger und der Verwaltung einbezogen werden mußten.

Neue Formen der Konfliktlösung im Umweltbereich werden nicht mit dem Ziel erprobt, die traditionellen Verfahren zu ersetzen. Vielmehr geht es um ihre sinnvolle Ergänzung. Insbesondere konsensuale Entscheidungsprozesse werden daher im Vorfeld oder parallel zu den herkömmlichen Verwaltungsverfahren durchgeführt. Ihre Resultate bedürfen regelmäßig einer Transformation in rechtliche Handlungsformen. Soweit neutrale Dritte in die Verhandlungen eingeschaltet werden, sind sie nicht befugt, eine die Parteien bindende Entscheidung zu fällen. Die Verwaltung bleibt daher – rechtlich gesehen – allein für die getroffene hoheitliche Maßnahme verantwortlich. Über die Hauptanwendungsbereiche vermittlerunterstützter Aushandlungsprozesse soll nun berichtet werden.

2.2.1 Die Übertragung des Schlichtermodells in das Umweltrecht: Der passive Konfliktmittler

Konsensuale Entscheidungsprozesse sind im Umweltbereich zunächst zur Beilegung von Ansiedlungsstreitigkeiten erfolgreich erprobt worden. Anfangs wurden die aus dem Bereich des Privatrechts bekannten Konfliktlösungstypen, vor allem die im Arbeitskampfrecht gebräuchliche Schlichtung, in den öffentlich regulierten Sektor übertragen. In der Folgezeit sind die hierfür entwickelten Grundsätze auf andere Sachbereiche übertragen und weiterentwickelt worden.

Die erste Fallstudie über den Einsatz eines Konfliktmittlers stammt aus dem Jahre 1973 und betrifft den Bau eines Staudamms am Snoqualmie River im Bundesstaate Washington. Der Staudamm sollte die jährlich im Frühling stattfindenden Überschwemmungen des Snoqualmie River Tals verhindern, die gewöhnlich die Zerstörung von Wohn- und Geschäftshäusern wie auch die teilweise Vernichtung von landwirtschaftlicher Produktionsfläche zur Folge hatten. Die Planungen scheiterten jedoch regelmäßig am Einspruch von Umweltschützern, die das Projekt als nicht umweltverträglich kritisierten. Nach jahrelangen Auseinandersetzugen um das Vorhaben wurde auf Veranlassung des Gouverneurs das Office of Environmental Mediation an der University of Washington in Seattle beauftragt, sich um eine auf dem Verhandlungswege zu erreichende Konfliktlösung zu bemühen. Die beiden ernannten Konfliktmittler, Cormick und McCarthy, hatten zuvor Erfahrungen im Bereich der Schlichtung von Tarifkonflikten gesammelt. Die von ihnen initiierten Aushandlungsprozesse konnten nach einer rund einjährigen Verhandlungszeit erfolgreich abgeschlossen werden. Die Verhandlungslösung wurde vom Gouverneur hoheitlich umgesetzt (vgl. Cormick, The Environmental Professional 1980, 24).

Das Office of Environmental Mediation hat im Anschluß an diese ersten praktischen Erfahrungen die mittlerunterstützte Aushandlung als ein freiwilliges Verfahren definiert, "in dem diejenigen, die an dem Konflikt beteiligt sind, gemeinsam versuchen, ihre Streitigkeiten zu erkunden und beizulegen. Der Konfliktmittler hat keine Autorität, den Parteien eine Konfliktlösung aufzuzwingen. Seine Stärke liegt in der Fähigkeit, den Parteien bei der Lösung ihrer eigenen Streitigkeiten zu helfen. Ein Konflikt ist dabei als beigelegt anzusehen, wenn die Parteien eine Übereinkunft erzielt haben, die sie selbst als eine arbeitsfähige Konfliktlösung bezeichnen."

Aus der Tatsache, daß die Vertreter des passiven Konfliktmittlermodells eine inhaltliche Verantwortung für die Verhandlungslösung ablehnen, ergeben sich gewichtige Schlußfolgerungen für die Rolle des neutralen Dritten. Nach Cormick hat ein Konfliktmittler die Rollen eines Verfahrenswalters, eines Kommunikators und eines Helfers zu übernehmen. Als Verfahrenswalter ist er mit der Organisation der Verhandlungen betraut. Er nominiert jedoch nur diejenigen Parteien, die bereits sichtbar in die Streitigkeiten verwickelt und für die Implementation einer gefundenen Verhandlungslösung wichtig sind, für die Teilnahme an den Aushandlungsprozessen.

In seiner Rolle als Kommunikator fungiert der Konfliktmittler als Interpret der Interessen und Zwänge der Verhandlungsparteien. In getrennten und in gemeinsamen Sitzungen soll er dazu beitragen, gegenseitig bestehendes Mißtrauen abzubauen und Gebiete für eine Einigung zu ermitteln. Hierbei kann er auch Botenfunktionen übernehmen und gegenseitige Verhandlungsangebote übermitteln. In seiner Rolle als Helfer hat er dafür zu sorgen, daß bestehende Ungleichgewichte zwischen den Parteien – z.B. was ihre Artikulationsfähigkeit oder Sachkunde bezüglich des Streitgegenstandes angeht – abgebaut werden. Um dieses Ziel zu erreichen, kann sich der Konfliktmittler zugunsten der unterlegenen Teilnehmer für die Anfertigung von Gutachten durch Sachverständige ihres Vertrauens einsetzen und ihre Finanzierung sicherstellen. Des weiteren hilft er bei der Abfassung einer Verhandlungsübereinkunft.

Einer inhaltlichen Beeinflussung des Verhandlungsergebnisses hat sich der Konfliktmittler allerdings zu enthalten, da dies seinen neutralen Status und seine Glaubwürdigkeit beeinträchtigen würde. Da die Aufgaben des neutralen Dritten schwerpunktmäßig verfahrensbezogen definiert werden, halten die Vertreter des passiven Konfliktmittlermodells besondere fachliche Qualifikationen für nicht erforderlich. Sie können nach ihrer Auffassung sogar schädlich sein, wenn die Gefahr besteht, daß die Parteien inhaltlich manipuliert werden und sich ihr Wille nicht in der Verhandlungslösung ungebrochen abbildet. Allerdings werden verfahrensbezogene Fähigkeiten, wie sie bei der Durchführung einer Schlichtung im Bereich von Tarifkonflikten erworben werden, als positiv eingestuft.

In der amerikanischen Diskussion um konsensuale Entscheidungsprozesse ist allgemein anerkannt, daß die Einschaltung eines Konfliktmittlers nicht für jeden in der Wirklichkeit vorgefundenen Konflikttypus tauglich ist. Auch bei der Frage nach den Erfolgsvoraussetzungen für mittlerunterstützte Verhandlungsstrategien hat das Office of Environmental Mediation eine Vorreiterrolle übernommen.

Bei der Aufnahme von Verhandlungen muß nach der Auffassung des Instituts **erstens** geprüft werden, ob es überhaupt eine Möglichkeit für einen Kompromiß gibt. Ausgeschlossen sind Nullsummenspiele, bei denen die eine Verhandlungspartei nur auf Kosten der anderen gewinnen kann. Wann eine solche Situation vorliegt, läßt sich allerdings nur im Einzelfall feststellen. Konflikte, in denen um grundlegende Wertentscheidungen gestritten wird, wie beispielsweise bei der Ansiedlung von Atomkraftwerken, oder die nur deshalb geschürt werden, damit vor gerichtlichen oder politischen Instanzen eine Präzedenzentscheidung getroffen wird, kommen als Gegenstand für eine Suche nach Verhandlungslösungen nicht in Frage.

Zweitens muß jede Partei eine ausreichende Machtstellung haben, um den Ausgang des Konfliktes beeinflussen zu können. Die Tauschmacht, die den Verhandlungsparteien als Anreiz zur Aufnahme von Verhandlungen dient, kann dabei sowohl in der Ausübung von politischen Gegenmachtstrategien, wie politischen Einflußnahmen oder

Manifestationen, aber auch im Gebrauch von Rechtspositionen, wie der Ausübung von Klagerechten, bestehen.

Drittens müssen die Parteien eine ausreichende Verhandlungsmacht im engeren Sinne haben, d.h. sie müssen eine genügende Fähigkeit, sich im Verhandlungswege zu artikulieren, und hinreichende Informationen über die Streitgegenstände besitzen.

Viertens darf die praktische Umsetzung einer gefundenen Verhandlungslösung nicht an politischen, rechtlichen oder technischen Hindernissen scheitern. Von besonderer Bedeutung ist dabei, daß die Parteien in der Lage sind, sich an die Resultate der Verhandlungen zu binden. Nur wenn alle Verhandlungsteilnehmer sicher sein können, daß von einem gefundenen Konsens nicht nach Belieben abgerückt werden kann, werden sie bereit sein, Zeit und Kosten für die Suche nach Verhandlungslösungen zu inverstieren.

Fünftens müssen sich die bisherigen Bemühungen, die Streitigkeit zu beenden, festgefahren haben (impasse criterion). Diese Voraussetzung für den Beginn von Aushandlungsprozessen impliziert, daß a) die Streitgegenstände definiert sind, b) die hiervon betroffenen Personen und Interessengruppen erkennbar und zumindest zum Teil in die Streitigkeiten verstrickt sind und c) eine gewisse Dringlichkeit der Konfliktlösung gegeben ist (sense of urgency).

Durch dieses fünfte Kriterium für eine erfolgversprechende Einschaltung eines Konfliktmittlers soll nach der Auffassung von Cormick zum einen betont werden, daß es sich bei diesem Verfahren um eine Konfliktlösungsmethode und nicht um ein neues Instrumentarium zur Bürgerbeteiligung in Planungsprozessen handelt. Zum anderen sollte hiermit verdeutlicht werden, daß es sich beim Einsatz von Konfliktmittlern um einen "letzten Versuch" der außerinstitutionellen Konfliktregulierung handelt, der besonderen Situationen vorbehalten sein muß. Soweit dieser Ausnahmecharakter nicht gewährleistet ist, befürchtet Cormick einen Glaubwürdigkeitsverlust für die Arbeit von Konfliktmittlern.

2.2.2 Die Weiterentwicklung zur aktiven Konfliktmittlung

Die Konzeption eines passiven Konfliktmittlers ist schon bald nach Vorliegen weiterer Fallstudien, insbesondere von Susskind und seinen Mitarbeitern im Harvard Program on Negotiation und am Massachusetts Institute of Technology, weiterentwickelt worden (vgl. Susskind/

Weinstein, Boston College Environmental Affaires Law Review 1980, 311 sowie Susskind/Cruikshank, Breaking the Impasse, 1987). Susskind kritisiert am Modell des passiven Konfliktmittlers, daß die aus dem Vorbild der Tarifvertragsschlichtung stammende Vorstellung, daß der Erfolg der Konfliktregulierung allein nach dem Erreichen einer Einigung der Parteien zu bewerten sei, nicht auf die Lösung von Umweltstreitigkeiten Anwendung finden dürfe. Denn es bestehe bei Aushandlungsprozessen im Umweltbereich die Gefahr, daß sich die Parteien einen Konsensus erarbeiten, der zu Lasten von Umweltschutzbelangen gehe oder zu einer Reduzierung bestehender Schutzstandards führe, weil sich die Parteien in ihrer Übereinkunft auf den kleinsten gemeinsamen Nenner hinunterkoordinieren.

Diese Gefährdung könne auch nicht lediglich durch die Bereitstellung von Maßnahmen zur Herstellung von Informationssymmetrien für die bereits in den Konflikt involvierten Parteien beseitigt werden.

Um die bei dem Einsatz von passiven Konfliktmittlern entstehenden Schwierigkeiten zu beheben, schlagen die Mitarbeiter des Harvard Program on Negotiation die Entwicklung von inhaltlichen Kriterien für die Überprüfung von Verhandlungslösungen vor:

1. Die Ergebnisse der Verhandlungen müssen von allen Parteien getragen werden.

2. Die erzielte Verhandlungslösung muß den Parteien als fair und gerecht erscheinen.

3. Das Resultat muß zu einer Optimierung der Interessenrealisierung führen. Bei der Beurteilung ist auf den Standpunkt eines neutralen Beobachters abzustellen.

4. Die Entscheidung soll vorherige Präzedenzfälle hinreichend berücksichtigen.

5. Die Übereinkunft soll mit einem Minimum an Zeit- und Kosteneinsatz erreicht werden.

6. Die Verhandlungen sollen die zukünftigen Beziehungen zwischen den Verhandlungsparteien verbessern.

Wegen des engen Wechselspiels von Entscheidungsinhalt und -verfahren müssen nach Susskind und seinen Mitarbeitern alle von der Konfliktlösung berührten Interessen in den Verhandlungen jeweils mit einem Vertreter repräsentiert sein. Aushandlungsprozesse als Mittel der Konfliktbewältigung seien daher auch für eine weit größere Anzahl von Streitigkeiten anwendbar, als dies nach dem vom Office of Environmental Mediation vorgeschlagenen Modell möglich wäre. Die von diesem Institut aufgestellte fünfte Voraussetzung für eine erfolgversprechende Durchführung von mittlerunterstützten Aushandlungsprozessen sei daher für eine aktive Konfliktmittlung nicht mehr gültig. Damit die inhaltlichen Vorgaben für eine Verhandlungslösung eingehalten werden können, müsse der Konfliktmittler also eine aktive Rolle spielen.

Im Vergleich zum Modell des passiven Konfliktmittlers müsse der Tätigkeitsschwerpunkt seines aktiven Counterparts daher auch weniger in der Übernahme der Rolle eines Verfahrenswalters und Kommunikators, sondern in der Helferrolle liegen. Diese Aufgabenzuweisung setzt voraus, daß der Konfliktmittler über ausreichende fachliche Qualifikationen verfügt. Das Harvard Program on Negotiation führt daher regelmäßig Schulungen für Konfliktmittler durch. Mittelfristig wird sogar ihre Lizenzierung angestrebt. Ein Eingriff in seine Neutralität und Unabhängigkeit wird hierin nicht gesehen, da der Konfliktmittler auch bei der Übernahme einer aktiven Rolle weiterhin keiner der an den Aushandlungsprozessen beteiligten Parteien verpflichtet sei.

2.2.3 Andere Verfahrenstypen

Beim Einsatz eines neutralen Dritten sind in den USA neben dem **Konfliktmittler** (Mediator) noch andere Funktionstypen erprobt worden: Schiedsrichter und Verfahrenswalter.

Dem **Schiedsrichter** ist aufgrund gesetzlicher Ermächtigung oder auf Grundlage einer Parteivereinbarung eine inhaltliche Entscheidungsbefugnis eingeräumt. Im Unterschied zu einem Gerichtsverfahren ist er zum einen in einem geringeren Maße an Verfahrensvorschriften gebunden, so daß eine schnellere Entscheidung zu erwarten ist. Zum anderen kann er in seinem Schiedsspruch die Interessen der verschiedenen Parteien berücksichtigen und ist nicht gezwungen, die eine Partei auf Kosten der anderen obsiegen zu lassen. Der Schiedsspruch ist aber regelmäßig nur in überschaubaren Konflikten zwischen wenigen Beteiligten möglich. Vor allem aber ist er zu Konfliktlösungen bei Streitigkeiten wegen umweltbedeutsamer Großvorhaben ungeeignet, weil der Schiedsrichter heillos überfordert wäre, Interessenausgleich und Zulassungsentscheidung durch einen Schiedsspruch zu ersetzen. Außerdem handelt es sich bei Ansiedlungsproblemen in der Regel um

Gegenstände behördlicher Entscheidungen, so daß die Behörden schon aufgrund des Fehlens einer gesetzlichen Ermächtigung nicht befugt sind, ihre Entscheidung auf einen Schiedsrichter zu delegieren.

Der **Verfahrenswalter** wird in einem von anderer Seite initiierten Aushandlungsprozeß eingesetzt, um den organisatorischen Rahmen der Verhandlung zu gewährleisten. Er kümmert sich um den Verhandlungsort, bewirkt die Ladung der Teilnehmer und entwickelt die Tagesordnung. Während der Verhandlungen hat er den fairen Verfahrensablauf zu sichern. Er ist aber nicht befugt, inhaltliche Vorschläge für eine Konfliktlösung zu unterbreiten und zu deren Entwicklung in getrennten Gesprächen mit den Verhandlungsgruppen beizutragen. Im Gegensatz zum (auch passiven) Konfliktmittler vermittelt er nicht zwischen den Parteien, trifft sich also weder mit den einzelnen Verhandlungspartnern noch greift er inhaltlich in den Verhandlungsprozeß ein.

Selbstverständlich ist es denkbar und in den USA auch keineswegs unüblich, daß Verhandlungen zwischen den verschiedenen Beteiligten ohne den Einsatz einer neutralen Vermittlungsperson geführt werden (**"Negotiation"**). Diese Form der Konfliktlösung kommt aber nur in solchen Fälle in Betracht, in denen von vornherein von einem annähernd gleichen Informationsstand und einer Machtgleichgewichtigkeit der Verhandlungspartner ausgegangen werden kann. Bei der Ansiedlung von umweltbedeutsamen Vorhaben ist das in der Regel nicht der Fall.

In den USA hat sich bei umweltbedeutsamen Konflikten der Einsatz von Konfliktmittlern bewährt. Mittlerunterstützte Aushandlungsprozesse werden häufig schon vor Beginn des förmlichen Verfahrens und meist von staatlichen Stellen initiiert. Daneben gibt es auch Beispiele der Einschaltung von Konfliktmittlern durch unabhängige Organisationen oder sonstige am Konflikt beteiligte Personen.

2.3 Ansätze für eine Kodifizierung der Konfliktmittlung

Mittlerunterstützte Aushandlungsprozesse finden in den Vereinigten Staaten schon längst nicht mehr ausschließlich im informellen Verwaltungsverfahren statt. Vielmehr werden sie in einem zunehmenden Maße und in den unterschiedlichsten Varianten in bereits bestehende Verwaltungsverfahrensgesetze eingebaut.

2.3.1 Administrative Dispute Resolution Act

Der Kongreß hat im Jahre 1990 den Administrative Dispute Resolution Act verabschiedet, der als Ergänzung zum Administrative Procedure Act allgemeine Rahmenregelungen für den Einsatz von Konfliktmittlern aufstellt. Hiernach ist jede Bundesbehörde berechtigt, ein Konfliktmittlungsverfahren anzustrengen, wenn die von einer Verwaltungsentscheidung betroffenen Parteien zustimmen.

Das Gesetz legt ausdrücklich fest, daß die behördliche Entscheidungsgewalt durch die Aushandlungsprozesse nicht beeinträchtigt wird. Als Konfliktmittler kann jede Person fungieren, die von den Parteien in dieser Rolle akzeptiert wird. Allerdings darf der neutrale Dritte keine eigenen Interessen am Ausgang der Streitigkeiten haben. Dem Konfliktmittler und den Verhandlungsparteien steht ein Zeugnisverweigerungsrecht zu, das nur in gewissen Ausnahmefällen aufgehoben werden kann. Die Behörden haben zukünftig über die Einschaltung von Konfliktmittlern zu berichten und ihre Angestellten über die Vorteile dieser Vorgehensweise zu informieren.

2.3.2 Ansiedlungsverfahrensgesetze

Bei der Ansiedlung von Sonderabfallentsorgungsanlagen sind in einigen Bundesstaaten wie Connecticut, Massachusetts, Rhode Island oder Wisconsin seit Beginn der 80er Jahre Aushandlungsprozesse zwischen dem Vorhabenträger und einem lokalen Verhandlungskomitee als Teil eines förmlichen Verwaltungsverfahrens zwingend vorgeschrieben. Ziel dieser Verfahren ist die Aushandlung eines Ansiedlungsvertrages, in dem u.a. der Ablauf des Baus der Anlage, die Überwachung des Anlagenbetriebs oder der Umfang von Kompensationsleistungen festgelegt werden. Allerdings dürfen die Aushandlungsergebnisse nicht der technischen Anlagengenehmigung widersprechen, die neben dem Ansiedlungsvertrag eine weitere wichtige Voraussetzung der Projektrealisierung ist.

Als Verhandlungspartner des Vorhabenträgers fungiert ein lokales Verhandlungskomitee, das sich aus Bürgern und leitenden Angestellten der Standortgemeinde zusammensetzt. Damit sich das Komitee effektiv an den Verhandlungen beteiligen kann, erhält es finanzielle Zuwendungen. Hierdurch wird das Komitee in die Lage versetzt, eigene Sachverständigengutachten in Auftrag zu geben. Um eine endlose Fortsetzung der Verhandlungen zu vermeiden, ist in den Gesetzen eine genaue zeitliche Abfolge der Verfahrensschritte vorgesehen. Um

temporäre Verhandlungsengpässe zu beseitigen, kann ein Konfliktmittler eingeschaltet werden. Sind die Verhandlungen endgültig festgefahren, wird ein Schiedsgericht etabliert, das über die noch unge-
klärten Streitgegenstände abschließend entscheidet.

2.4 Praktische Erfahrungen

2.4.1 Empirische Daten

Eine umfangreiche Studie über die praktischen Erfahrungen mit dritt-
unterstützten Aushandlungsprozessen ist von Bingham vorgelegt worden. Es werden für den Zeitraum von 1973 bis 1985 133 Aushandlungsprozesse untersucht und ausgewertet. Als durchschnittliche
Dauer der Verhandlungen wird von Bingham ein Zeitraum von zehn
Monaten angegeben. 10% Prozent aller untersuchten Fälle wiesen
allerdings eine Dauer von mehr als 42 Monaten auf. Bei standortbe-
zogenen Konflikten konnte in 79% der Fälle eine Übereinkunft zwischen den Parteien erreicht werden. Soweit eine Behörde an den Verhandlungen beteiligt und für die spätere Umsetzung der Resultate verantwortlich ist, waren es sogar 82% der untersuchten Fälle. Die
Implementationsrate betrug in dieser Kategorie 80%. Bezüglich der
untersuchten regionalen Umweltstreitigkeiten wurde in 75% der Fälle
eine Einigung erzielt, die allerdings nur in 41% der Fälle auch tatsächlich implementiert wurde. Zwar lassen sich aus der Bingham-Studie
keine Aussagen über die Qualität der erreichten Verhandlungslösung
treffen, jedoch zeigen diese Ergebnisse, daß es sich bei "environmental negotiation and mediation" um in der Praxis realisierbare Konzepte der Konfliktregulierung handelt.

2.4.2 Fallstudie: Der East Troy Solid Waste Facility Case

Die erfolgreiche Durchführung mittlerunterstützter Aushandlungsprozesse ist auch in einer Reihe von Fallstudien dokumentiert. Als ein
Beispiel soll hier der East Troy Solid Waste Facility Case angeführt
werden. Dieser Fall ist deshalb von besonderem Interesse, weil sie
ausführlich auf die Resultate der Verhandlungen eingeht.

Im Frühjahr 1982 hat die Troy Area Landfill, Inc., den zuständigen
Behörden mitgeteilt, daß sie ein der Stadt East Troy die Errichtung
einer Abfalldeponie (sanitary landfill) beabsichtige. Die Stadt und der
Bezirk Walworth liegen im Bundesstaate Wisconsin, so daß das dorti-
ge Ansiedlungsverfahrensgesetz anwendbar war. Beide Körperschaften haben im Juli 1982 eine Resolution verabschiedet, in der sie ihre

Verhandlungsabsicht bekundeten. Für den Fall, daß die Verhandlungen scheitern würden, waren sie bereit, einen Schiedsspruch eines neutralen Dritten zu akzeptieren. Im September hat der Vorhabenträger die erforderlichen Antragsunterlagen bei der zuständigen Umweltbehörde eingereicht und damit das förmliche Verfahren eingeleitet.

In den darauf folgenden zwei Jahren wurden zahlreiche öffentliche Versammlungen und Verhandlungsrunden zwischen dem Vorhabenträger und dem lokalen Verhandlungskomitee durchgeführt. Das Komitee setzte sich aus Mitgliedern der Stadt East Troy und dem Bezirk Walworth zusammen. Trotz dieser Bemühungen konnte bis Ende 1984 keine Verhandlungsübereinkunft erzielt werden. Beide Parteien wandten sich daher an das Waste Facility Siting Board, um das Scheitern der Verhandlungen zu erklären. Diese Behörde hat die Aufgabe, die Einhaltung des Ansiedlungsverfahrensgesetzes zu überwachen. Die Behörde schlug die Einleitung eines Konfliktmittlungsverfahrens vor und übersandte den Parteien eine Liste der Namen fünf möglicher Konfliktmittler. Die Parteien einigten sich auf Edward Krinsky vom Mediation Institute Wisconsin.

Im Juli 1985 nahm der neutrale Dritte seine Arbeit auf. Nach einigen Verhandlungsrunden konnte im Hinblick auf wichtige Streitpunkte eine Übereinkunft erzielt werden. Nachdem der Vorhabenträger und die zuständigen Organe der Gemeinde und des Bezirks zugestimmt hatten, wurde im Januar 1986 eine Verhandlungsübereinkunft unterzeichnet. Der 41 Seiten lange Text enthält im wesentlichen die folgenden Punkte:

— Es wurde sichergestellt, daß zukünftige Betreiber der Deponie eine hinreichende Kompetenz haben, um die Übereinkunft in die Praxis umzusetzen.

— Die Parteien verpflichteten sich, die Verhandlungen für den Fall wiederaufzunehmen, daß die Erweiterung der Deponie geplant wird.

— Ein ständiger Ausschuß wird errichtet, der sich aus drei Bewohnern der Stadt East Troy und zwei Vertretern des Vorhabenträgers zusammensetzt. Der Ausschuß soll überprüfen, ob die Errichtung und der Betrieb der Anlage im Einklang mit der Verhandlungsübereinkunft erfolgt.

— Die Betriebszeiten, der Zugang zur Deponie und die Arten der in der Anlage zu entsorgenden Abfälle (z. B. keine Entsorgung von Sonderabfall) wurden ebenso festgelegt wie die Maßnahmen, die zur Überwachung der Anlage und zur Verbesserung der Zugangswege erforderlich sind.

– Regelungen, die den Gebrauch und die Überwachung der Deponie nach ihrer Schließung festlegen.

– Festlegung eines Geldbetrages, der vom Vorhabenträger an die Stadt für jede Tonne entsorgten Abfalls überwiesen wird. Der Betrag erhöht sich um jährlich 7%, wobei die Lebensdauer der Anlage auf 13 Jahre projektiert ist.

– Errichtung eines Fonds (Town Landfill Fund), der aus den Geldleistungsbeträgen finanziert wird und von der Stadt und dem Bezirk für verschiedene Zwecke genutzt werden kann. So können hiermit z. B. Überwachungsaktivitäten, die Kosten des Ausschusses, die Kompensation von Grundstückswertminderungen, Versicherungsverträge zugunsten der Anwohner finanziert werden. Ein Teil des Fonds ist für den Ausgleich von Schäden zu verwenden, die die in unmittelbarer Nachbarschaft der Anlage wohnenden Grundstückseigentümer hinzunehmen haben. Die Kompensation wird nach einem in dem Vertrag festgelegten Verfahren von der Stadt durchgeführt.

– Die Stadt verpflichtet sich, ihren Hausmüll auf der Deponie zu entsorgen. Für den Fall, daß sie andersartige Entsorgungsmöglichkeiten in Anspruch nimmt, sind dem Betreiber Ausgleichszahlungen zu leisten.

– Die Übernahme der Verhandlungskosten, die auf seiten der Stadt entstanden sind, werden vom Vorhabenträger übernommen. Der Betrag wird auf 30 000 Dollar festgelegt.

Auf Grundlage dieser Verhandlungsübereinkunft hat die East Troy Area Landfill, Inc., die Genehmigung zum Betrieb der Deponie im November 1987 erhalten. Zu einer gerichtlichen Klage der Anwohner oder des Vorhabenträgers ist es daraufhin nicht mehr gekommen.

2.5 Grundvoraussetzung: Kompromißfähigkeit des Konflikts

Ziel des Mediationmodells ist das Aushandeln eines Kompromisses zwischen den Konfliktparteien. Grundvoraussetzung für die Durchführung eines erfolgreichen Aushandlungsprozesses ist deshalb die Kompromißfähigkeit des Konflikts. Die Mediationerfahrungen in den

USA belegen die Bedeutung dieses Grundsatzes, der auch in der Bundesrepublik bei Überlegungen zum Einsatz mittlergestützter Aushandlungsprozesse immer Beachtung finden muß. Von einer Kompromißfähigkeit wird man regelmäßig nicht ausgehen können, wenn die Auseinandersetzung um ein bestimmtes Vorhaben bereits eine gesellschaftspolitische Dimension angenommen hat, die es als ausgeschlossen erscheinen läßt, daß lokal oder regional Verhandlungen zu neuen Anschauungen führen können. Als klassisches Beispiel für die Nichtanwendbarkeit von Aushandlungsprozessen ist die Auseinandersetzung um die Nutzung der Kernenergie anzusehen. Eine ähnliche Konfliktlage dürfte bei der Gentechnologie zu verzeichnen sein. Tiefe Meinungsverschiedenheiten sind auch in der Frage der Müllverbrennung zu beobachten, wobei die weitere Diskussion abgewartet werden muß, welche Entwicklung diese abfallwirtschaftliche und umweltpolitische Auseinandersetzung nimmt.

Die Kompromißfähigkeit fehlt aber nicht nur bei Fragen grundsätzlicher Bedeutung. Auch bei Einzelprojekten kann jeder Verhandlungsspielraum fehlen. Hierzu dürfte aller Voraussicht nach z. B. das verkehrspolitisch nicht zu begründende Imageprojekt der Nordostsee-Autobahn des Bundesministers Krause zählen. Interessanterweise ist ausgerechnet in die Auseinandersetzung um die Autobahnumfahrung der Stadt Lübeck im Zuge dieser Planung von der schleswigholsteinischen Landesregierung der ehemalige Senator Kuhbier als "Moderator" eingeschaltet worden. Er hat einen unabhängigen Bericht über die Auswirkungen der Planungsalternativen nach Anhörung der betroffenen Kreise verfaßt, und es bleibt abzuwarten, ob seine Anregungen Konsequenzen für die Planungsfortsetzung hat.

Grundsätzlich ist festzustellen: Es bedarf jeweils einer einzelfallbezogenen Analyse, ob eine ausreichende Erfolgchance besteht, auf einen Mediationprozeß zu orientieren. Sicherlich wird in einer Reihe von Fällen nicht von vornherein zu bestimmen sein, ob die angestrebte Planung oder das projektierte Vorhaben kompromißfähig in dem Sinne ist, daß Verhandlungen über die nähere Ausgestaltung lohnend erscheinen. Endgültig wird man diese Frage auch erst rückschauend am Ende des Aushandlungsprozesses beantworten können.

Mit dem Hervorheben der Kompromißfähigkeit als Grundvoraussetzung soll der Anwendungsbereich von Mediation nicht auf solche Fälle beschränkt werden, in denen der Verhandlungserfolg bereits zu Beginn klar absehbar ist. Vielmehr soll verdeutlicht werden, daß Mediation nicht als Wundermittel gerade für solche Projekte angesehen werden kann, bei denen ein Spielraum für Verhandlungen bei verschiedenen Beteiligten nicht zu erkennen ist.

3. Bausteine eines mittlergestützten Aushandlungsprozesses

Ausgehend von Auswertungen der amerikanischen Erfahrungen, wollen wir im folgenden einige der wesentlichen Verfahrensschritte auf dem Weg zu einer erfolgreichen Verhandlungslösung beschreiben. Selbstverständlich darf dieser Versuch einer Anleitung nicht mit starren Regeln verwechselt werden. Jeder Fall ist anders gelagert und bedarf deshalb seiner eigenen spezifischen Regularien.

Wir haben unter I. 2. bereits aufgezeigt, daß verschiedene Arten der Aushandlungsprozesse möglich sind. Die von den Beteiligten ausgewählte neutrale Instanz kann in verschiedener Funktion und Intensität auf den Prozeß einwirken. Denkbar sind auch Aushandlungsprozesse ohne neutrale Instanz. Zumindest für die Anfangsphase von Mediationbemühungen in der Bundesrepublik gehen wir aber davon aus, daß es der Hilfestellung durch einen **Konfliktmittler** unbedingt bedarf, und dieser auch eine treibende Rolle im Aushandlungsprozeß einnehmen muß.

Der aktive Konfliktmittler hat im Vergleich mit den anderen möglichen Formen des Einsatzes neutraler Dritter den entscheidenen Vorzug, daß es ihm möglich ist, inhaltlich zwischen den verschiedenen Beteiligten zu vermitteln. Vor dem Hintergrund der zum Teil enormen Informationsdefizite der Betroffenen und des realen Ungleichgewichts an fachlichen Kenntnissen und finanziellen Möglichkeiten bei den verschiedenen Beteiligten erscheint es kaum vorstellbar, daß Verhandlungen ohne einen in der Sache kompetenten, inhaltlich "mitmischenden" Mittler zu einem erfolgreichen Abschluß zu Ende geführt werden können. Außerdem bedarf es einer Person, die immer wieder aktiv die konzeptionellen Grundbedingungen für Aushandlungsprozesse vermittelt und herstellt, so lange diesbezüglich nicht ausreichende Erfahrungen in der bundesdeutschen Praxis gesammelt werden konnten. Wir gehen deshalb im folgenden bei der Beschreibung der verschiedenen Verfahrensschritte vom Einsatz eines Mediators aus.

Anmerkung:

Die obige Darstellung der Verfahrensschritte orientiert sich im wesentlichen an einschlägigen Fachveröffentlichungen aus den USA (vgl. das Ablaufschema bei Susskind/Cruikshank, S. 95). Wir haben – abweichend – lediglich die Initiierungsphase als eigenständigen Verfahrensschritt hervorgehoben. Ihm wird in der Bundesrepublik aufgrund der erst angelaufenen Überlegungen zum Mediationeinsatz besondere Bedeutung zukommen. Eine sachliche Abweichung ist damit nicht intendiert.

Verfahrensschritte bei der Konfliktmittlung

Initiierungsphase

Anstoß durch Initiator

Auffinden eines Konfliktmittlers

Finanzierungsfragen erörtern

Vorbereitungsphase

Erstellen einer Konfliktanalyse

Auswahl der Verhandlungsteilnehmer

Festlegung der Verhandlungsspielregeln

Kooperative Informationsbeschaffung

Konfliktlösungssuche

Auf Interessen konzentrieren, nicht auf Positionen

Eine win-win-Situation herstellen

Verhandlungspakete schnüren

Umsetzungsphase

Vermittlung und Unterzeichnung der Ergebnisse

Bindung der Parteien

Abreden zur Lösung zukünftiger Streitigkeiten

3.1 Initiierungsphase

Am Anfang steht das Problem! Mediation wird seit gut zwei Jahren in der Bundesrepublik sehr intensiv diskutiert. Potentielle Anwendungsfälle gibt es zuhauf. Deshalb steht zu erwarten, daß sich zunehmend Personen, Institutionen oder Unternehmen, die mit einem umweltrelevanten Vorhaben befaßt sind oder eine umweltbedeutsame Planung vorantreiben wollen, mit dem Gedanken tragen, die als interessant erkannte Idee in die Wirklichkeit umzusetzen. Aber wie macht man den ersten Schritt? Ein Anruf – genügt nicht. Harte Überzeugungsarbeit wird notwendig sein, die verschiedenen zu beteiligenden Gruppen und Institutionen für die Machbarkeit und die Erfolgsaussichten eines Mediationprozesses zu überzeugen.

3.1.1 Initiator

Viel Kopfzerbrechen hat in den bisherigen Diskussionen die Frage ausgelöst, wer den ersten Schritt unternehmen soll. Soweit Unternehmerkreise die Mediationidee aufgegriffen haben, befürchten sie, ein entsprechender Vorschlag würde von seiten der Gegner als neue PR-Masche diffamiert. Behördenvertreter dürften nur schwer aus der Dekkung zu locken sein, weil sie den Vorwurf der Vorhabenträger fürchten, sich aus ihrer Verantwortung stehlen zu wollen und statt dessen eine Entscheidungsverlagerung vorzuschlagen, die mit unsicherem Ausgang behaftet ist. Den Vorhabengegnern wird der erste Schritt schwer fallen, weil sie schon früh auf die Verhinderung eines Projektes reflektieren und deshalb auf den ersten Blick kein Raum für Verhandlungslösungen zu sein scheint. Wir werden auf die verschiedenen Ausgangs- und Motivationslagen bei den potentiellen Verhandlungsparteien noch im einzelnen eingehen (vgl. Teil I., 7.).

Amerikanische Erfahrungen zeigen, daß Mediationprozesse vor allem von Behörden, aber auch von Umwelt- und Naturschutzverbänden initiiert worden sind. Die ersten deutschen Mediationverfahren gingen vornehmlich auf die Initiative kommunaler und staatlicher Vorhaben- und Planungsträger zurück. Solange es ausreichend Erfahrungen mit mittlergestützen Aushandlungsprozessen in der Bundesrepublik noch nicht gibt, schlagen wir einen idealistisch anmutenden Einstieg vor: Es kommt nicht darauf an, welcher Beteiligungsgruppe der Initiator angehört. Maßgeblich ist, inwieweit eine Unterrichtungs- und Erörterungsphase eingeleitet werden kann, in der das Mediationkonzept überzeugend vorgestellt wird.

3.1.2 Überzeugungskraft des Beispiels

Wer einen Mediationprozeß ins Auge faßt, sollte sich an bestimmte Wissenschaftskreise oder an eines der Planungs-, Umweltberatungs- oder Rechtsanwaltsbüros wenden, die erste Erfahrungen mit erfolgreichen Verhandlungsverfahren gemacht und insbesondere die bereits angesprochene Diskussion über die Möglichkeiten des Einsatzes des Mediationmodells in die Bundesrepublik Deutschland intensiv verfolgt haben. Ein Vortrag im Vorstand eines Vereins oder eines Unternehmens kann ebenso ein Diskussionseinstieg sein wie die Durchführung einer öffentlichen Informationsveranstaltung. Wichtig ist auch die Zusammenstellung aussagekräftiger Informationsunterlagen, die näheren Aufschluß über Ablauf und Funktionsweise eines Mediationprozesses geben. Ziel der Anlaufphase muß sein, die verschiedenen Partner zunächst überhaupt einmal für die Idee einnehmen zu können, im konkreten Fall einen Mediationprozeß in Erwägung zu ziehen.

3.1.3 Auffinden eines Konfliktmittlers

Wenn das Eis gebrochen ist, wird der weitere Fortschritt wesentlich davon abhängen, ob es gelingt, eine Konfliktmittlerperson zu gewinnen, die kraft ihrer Fähigkeiten und persönlichen Ausstrahlung Gewähr dafür bietet, daß ein Aushandlungsprozeß nicht frühzeitig ins Stocken gerät, sondern reelle Erfolgsaussichten hat. Wir werden an anderer Stelle noch ausführlicher auf die Frage eingehen, welche Vorstellungen wir von den Fähigkeiten und Qualifikationen eines Mediators haben (siehe Teil I., 5.). Für die Initiierungsphase ist nur notwendig festzuhalten, daß es sehr schnell eines Motors für das weitere Verfahren bedarf. Dieser sollte nicht aus dem Kreis der Beteiligten kommen, denn es ist davon auszugehen, daß zu Beginn noch reichlich Skepsis gegenüber den ungewohnten Verfahrensweisen vorhanden ist, auf die eine Person aus dem Kreis der Beteiligten nicht so gut reagieren kann wie eine neutrale Instanz.

3.1.4 Finanzierung

Sobald die grundsätzliche Bereitschaft zu Verhandlungen besteht, stellt sich die Frage, wer die Finanzierung des weiteren Vorgehens übernehmen soll.

Sinnvoll wäre es sicherlich, wenn – besonders in der Anlaufphase von Mediationprozessen in der Bundesrepublik – öffentliche Mittel zur Erprobung zur Verfügung gestellt würden. Erste Forschungsvorhaben sind auch tatsächlich vergeben worden. In den USA hatten zu Beginn einige der großen Stiftungen den finanziellen Anstoß gegeben. Wenn aber Mediation seinen Erprobungs- und Ausnahmecharakter in der Bundesrepublik verlieren und nicht nur in wenigen Fällen angewendet werden soll, dann wird man sich auch der Frage zu stellen haben, ob eine Finanzierung durch den Vorhabenträger in Betracht kommt.

Wenn es darum geht, eine geeignete Person als Mediator zu beauftragen, so ist darauf zu achten, daß von einer Eignung als Konfliktmittler selbstverständlich nicht die Rede sein kann, wenn die begründete Gefahr besteht, daß die Herkunft der Finanzierungsmittel Einfluß auf die Ausrichtung seiner Tätigkeit haben kann. Wir werden uns noch mit dem Unterschied zwischen einem mittlergestützten Aushandlungsprozeß und den verschiedenen Methoden der Akzeptanzverschaffung befassen. Wenn sich ein Projektträger für den letztgenannten Weg entscheidet, dann hat dies nichts mit Mediation zu tun und soll hier keiner weitergehenden Erörterung unterliegen. Sofern aber ein Mediationprozeß initiiert werden soll, dann muß sich dies am Profil der eingeschalteten Vermittlerperson und vor allem an dem in Auftrag gegebenen Vorbereitungskonzept zeigen. Falls zu diesen Fragen keine überzeugenden Lösungen vorgestellt werden, ist das Scheitern eines Mediationprojektes vorgezeichnet. Umgekehrt stellt die Frage nach der Finanzierung eines gut ausgearbeiteten Mediationkonzeptes nur eine von vielen Hürden dar, die auf den Weg zum Verhandlungstisch genommen werden müssen.

In den USA werden die nötigen Finanzmittel heutzutage vielfach von den Behörden und der Industrie bereitgestellt. Manchmal sind aber auch Bürgerinitiativen an den Kosten des Verfahrens beteiligt. Dies hat den Vorteil, daß der Anreiz für eine Konsenslösung erhöht wird. In jüngster Zeit wird auch per Gesetz vorgeschrieben, wer die Verfahrenskosten zu tragen hat. Die vorliegenden Fallstudien lassen aber nicht erkennen, daß die Art der Finanzierung einen zentralen Einfluß auf den Arbeitsgang der Mediationverfahren in den USA hatte.

Insgesamt ist es unter den vorgenannten Voraussetzungen aus unserer Sicht nicht schädlich, wenn der Vorhabenträger mindestens zu einem nicht unbeträchtlichen Teil an der Finanzierung des Vermittlungsprozesses beteiligt wird.

3.2 Vorbereitungsphase

3.2.1 Interessen statt Köpfe zusammenführen

Mediation zielt auf eine Verhandlungslösung ab. Verhandlungen können nur erfolgreich geführt werden, wenn geeignete Repräsentanten der maßgeblichen Interessensgruppen für die Verhandlungen nominiert werden. In diesem Zusammenhang wird dem Einwand zu begegnen sein, auf seiten der Vorhabengegner würde sich häufig eine Vielzahl von Gruppen, Verbänden und Einzelpersonen tummeln, die nur schwerlich in Verhandlungen zusammenzuführen sein dürften. Für diese Skepsis dürften zwei Überlegungen entscheidend sein:

1. Die herkömmlichen Erörtungstermine zeigen, in welch großer und heterogener Zusammensetzung die Gegner eines umweltbedeutsamen Vorhabens regelmäßig auftreten.

2. Die Verhandlungen können nur erfolgreich sein, wenn sie zu einer Übereinkunft mit jedem bzw. zumindest den wichtigsten potentiellen Vorhabengegner führen.

Selbstverständlich würde der Mediationprozeß zum Scheitern verurteilt sein, wenn er wie ein herkömmlicher Erörtungstermin als Massenveranstaltung angelegt würde.

Maßgeblich für das Gelingen des Mediationprozesses ist deshalb nicht, möglichst viele Personen ("Köpfe") bei den Verhandlungen zusammenzuführen, sondern sicherzustellen, daß sämtliche relevanten Interessen in der Verhandlungsrunde repräsentiert werden. Dabei können die Interessenlagen sehr vielfältig, zum Teil auch widersprüchlich sein: Den Nachbarn eines geplanten Industrievorhabens geht es häufig um Immissions- und Gewässerschutz. Die innerörtliche Bevölkerung will bei Außenbereichsansiedlungen die Belange des Naturschutzes und der Naherholung gewährleistet sehen. Bei der Gemeinde widerstreiten nicht selten Konzeptionen zur umweltverträglichen gemeindlichen Planung und Erwägungen zur Sicherung des Gewerbesteueraufkommen und von Arbeitsplätzen.

Bei Verkehrswegeplanungen gibt es die entgegenstehenden Interessen der Anlieger, einigen droht sogar die Enteignung. Die Umgebungsbevölkerung will mindestens den Verlust an Erholungsflächen ausgeglichen sehen. Die örtlichen Gewerbetreibenden und die IHK schwärmen vom Anschluß an die Autobahn, und das Wirtschaftsministerium streitet für sein Regionalentwicklungsprogramm. Die Nachbargemeinden vermissen jeglichen Vorteil für ihr Gebiet und sehen vielmehr ihre Flächennutzungsplanung stark beeinträchtigt. Eine Großstadt verlangt vom Projektträger, endlich den Bundesfernstraßenbau in Angriff zu nehmen, während die dortigen Umweltschutzorganisationen einen Ausbau der Schienenverbindungen verlangen. Bei einer Abfalldeponie sieht sich die Kommune in der Entsorgungspflicht. Die Abfallerzeuger halten sich aufgrund dieser staatlichen Aufgabenzuweisung häufig sehr bedeckt, wären aber als relevante Verursachergruppe bei Ansiedlungsverhandlungen ebenso zu beteiligen wie möglicherweise ihre Vertretungsorgane (Industrie- und Handelskammer, Handwerkskammer).

Die Verhandlungen werden nur zu einer Konfliktbeilegung führen, wenn die verschiedenen Interessen zum Ausgleich gebracht werden. Wenn dies gelingt, werden sich auch die verschiedenen "Köpfe" im Verhandlungsergebnis wiederfinden. Umgekehrt kann eine Verhandlungsübereinkunft zu einigen ausgegliederten Fragestellungen mit Teilgruppen niemals eine breite Konsensbildung ersetzen.

Nur eine umfassende Berücksichtigung der berührten Belange und Interessen schafft auch die Voraussetzungen dafür, das Verhandlungsergebnis als Grundlage der anstehenden Verwaltungsentscheidung ansehen zu können. Der Mediationansatz wäre verfehlt, wenn formelle Verhandlungen dazu benutzt würden, nur die "gutwilligen" Kritiker zu beteiligen, dagegen aber die oppositionellen Haltungen auszuschließen. Verhandlungen würden dann nur zum Mittel, bestimmte Gruppen und Interessen gegeneinander auszuspielen, statt auf einen umfassenden Interessenausgleich abzuzielen. Aus den USA sind vereinzelte Fälle bekannt, in denen versucht wurde, unbequeme Haltungen von Verhandlungen fernzuhalten. Wenn aber am Verhandlungstisch nicht alle maßgeblichen Interessen repräsentiert und am Verhandlungsergebnis beteiligt sind, dann ist eine behördliche Umsetzung der Verhandlungslösung nicht möglich. Schließlich wird sich die behördliche Entscheidung auch inhaltlich an dem Verhandlungsergebnis nur orientieren können, wenn die von dem Vorhaben berührten Belange und Interessen im Mediationprozeß angemessen Berücksichtigung gefunden haben.

Auf die Frage, inwieweit ein umfassender Interessenausgleich durch Verhandlungen geeignet ist, die gerichtliche Anfechtbarkeit einer auf die Verhandlungsübereinkunft gestützten behördlichen Entscheidung zu minimieren, werden wir noch zurückkommen (siehe Teil I., 6.3).

3.2.2 Notwendigkeit und Methodik einer Konfliktanalyse

Wenn vorstehend dargelegt wurde, wie bedeutsam die Identifikation der Interessen als Voraussetzung für einen Interessenausgleich durch Verhandlungen ist, dann ist damit zugleich verdeutlicht worden, daß hier sorgfältige Ermittlungen angestellt werden müssen. Es ist Aufgabe des eingeschalteten Konfliktmittlers, eine detaillierte Analyse der Konfliktlandschaft vorzunehmen. Erst auf Grundlage einer detaillierten Konfliktanalyse wird es möglich sein, eine dem konkreten Fall angemessene Auswahl der zu beteiligenden Repräsentanten zu treffen.

Das Vorgehen bei der Konfliktanalyse wird sich unterschiedlich danach bestimmen, in welchem Verfahrensstadium der Mediationprozeß und die Arbeit des Konfliktmittlers einsetzen. Wenn ein Planungs- oder Ansiedlungskonflikt bereits längere Zeit fortdauert, dürfte die Bestimmung der Streitgegenstände und die Identifikation der relevanten Personengruppen auf den ersten Blick zumindest leichter erscheinen, als wenn ein Mediationprozeß erst eingeleitet werden soll. Auch in fortgeschrittenem "Streitstadium" sollte aber nicht leichtfertig der Grundsatz vernachlässigt werden, Interessen statt Köpfe zusammenzuführen. Auf der Hand liegt natürlich auch, daß man sich die ideale Verhandlungsrunde nicht abstrakt ausmalen kann, sondern auf die Nominierungswünsche der zu beteiligenden Interessengruppen eingehen muß.

Der Konfliktmittler sollte sich bei der Ausarbeitung der Konfliktanalyse zunächst aus allgemein zugänglichen Quellen wie Zeitungsartikeln, Broschüren, aber auch aus den einschlägigen Akten informieren. Danach hat er intensive Gespräche mit den am Konflikt beteiligten Parteien zuführen. Hilfreich ist die Anfertigung tabellarischer Schaubilder, in denen die Parteien, die Streitgegenstände, die Interessen der Parteien, die Bedeutung der Streitgegenstände für die Parteien, ihre Möglichkeiten zur Beeinflussung der Konfliktlösung, ihre Positionen sowie die möglichen Optionen für eine Konfliktlösung festgehalten werden. Carpenter und Kennedy haben zwanzig Fragen zusammengetragen, die in dieser Verfahrensphase vom Konfliktmittler zu beantworten sind (siehe Carpenter/Kennedy, S. 91):

I. Parteien

1. Welche sind die wichtigsten Parteien und ihre Sprecher?
2. Haben sich die nachteilig von der Entscheidung berührten Interessen schon in einer Initiative bzw. Gruppe zusammengeschlossen?
3. Sind die Parteien gewillt, eine konsensuale Konfliktlösung anzustreben?
4. Sind die Parteien in der Lage, miteinander zu arbeiten?

II. Streitgegenstand

5. Durch welche Aspekte kann der Konflikt am besten charakterisiert werden? Geht es um unterschiedliche Interessen oder um unterschiedliche Wertvorstellungen?
6. In welcher Weise können die Probleme am besten definiert werden?
7. Was sind die zentralen Streitgegenstände?
8. Was sind die zweitwichtigsten Streitgegenstände?
9. Kann über diese Gegenstände verhandelt werden?
10. Was sind die wirklichen zentralen Interessen jeder Partei?
11. Welche Interessen haben die Parteien gemeinsam?
12. Welche Verhandlungspositionen haben die Parteien eingenommen?
13. Welche Optionen für eine Konfliktlösung existieren?

III. Verfahren

14. Was denken die Parteien über den Gebrauch von konsensualen Konfliktlösungsfverfahren?
15. Nutzt ein konsensualer Prozeß den Parteien?
16. Welche strukturellen Zwänge werden die Konfliktlösung beeinflussen (Zeitrahmen, rechtliche Aktivitäten, finanzielle Ressourcen)?
17. Welche Hindernisse muß der Prozeß überwinden?
18. Gibt es Parteien, die in konsensualer Konfliktlösung erfahren sind?
19. Was sind die Chancen für einen Erfolg des Verfahrens?

Aus unserer Sicht müssen sich aus der Konfliktanalyse Einzelheiten zu folgenden Themenkomplexen ergeben:

– Strukturierung der Streitgegenstände –

Wenn eine Planung oder ein Projekt erst am Anfang steht, kann es notwendig werden, die potentiellen Streitpunkte aufgrund der Erfahrungen mit vergleichbaren Vorhaben zu antizipieren, da sich im konkreten Fall möglicherweise außer dem Vorhabenträger bislang keiner der weiteren potentiell Betroffenen mit dem anstehenden Vorhaben befaßt hat. Sofern ein Vorhaben bereits Gegenstand der öffentlichen Auseinandersetzung ist, hat die Konfliktanalyse diesen Meinungskampf auszuwerten.

– Identifizierung und Zusammenstellung der Informationsdefizite –

Der Abbau von Informationsasymmetrien zwischen den verschiedenen Beteiligten wird nur gelingen, wenn die entsprechenden Defizite zunächst ermittelt werden. Die Erarbeitung der Konfliktanalyse kann hierzu eine erste wesentliche Hilfestellung geben. Später wird die Verhandlungsrunde die Ermittlungen vertiefen und Schritte zum Ausgleich der festgestellten Informationsdefizite beschließen.

– Sammlung und Vorstrukturierung der Lösungsstrategien –

Sicherlich können die Resultate eines Aushandlungsprozesses nicht vorweggenommen werden. Auf der anderen Seite müssen frühzeitig Vorstellungen über mögliche Kompromißlösungen entwickelt werden, um die zu beteiligenden Betroffenen von der Sinnhaftigkeit des Einstiegs in den Mediationprozeß überzeugen zu können. Wenn sich keine Konfliktlösungsmöglichkeiten absehen lassen, muß die Kompromißfähigkeit des Konflikts geprüft werden. Vor allem aber müssen diejenigen Verhandlungspartner, die in den Konflikt nicht unmittelbar einbezogen sind, aber zu einer Konfliktlösung möglicherweise einen wesentlichen Beitrag leisten können, rechtzeitig ermittelt werden. Der nötige Alternativenreichtum wird sich nur erarbeiten lassen, wenn die entsprechenden Gesprächspartner für die Verhandlungen nominiert sind. Sofern nicht rechtzeitig breit über Konfliktlösungsansätze nachgedacht wird, steht zu befürchten, daß Lösungen am Verhandlungstisch nur zwischen den unmittelbar Beteiligten und damit ähnlich wie im herkömmlichen, engen Rahmen gesucht werden müssen.

– Ermittlung der vorgegebenen rechtlichen Anforderungen –

Das Mediationverfahren wird regelmäßig im Zusammenhang mit einer behördlichen Entscheidung stehen. Die Berücksichtigung bzw. Umsetzung der Verhandlungsergebnisse in der Verwaltungsentscheidung kann nur gelingen, wenn die hierfür maßgeblichen rechtlichen Anforderungen überprüft worden sind. Die entsprechenden Ermittlungen können Einfluß auf die an den Verhandlungen zu beteiligenden Personen und Institutionen haben. Außerdem sind vorgegebene rechtliche Standards vorzeitig als Grundlage und Ausgangspunkt der Verhandlungen zusammenzustellen. Beruft sich beispielsweise ein Vorhabenträger im Rahmen eines Standortsuchverfahrens auf bestimmte Regeln, dann ist zu klären, welche Verbindlichkeit diese Regeln haben und in welchem Umfang sie Änderungen oder Ergänzungen am Verhandlungstisch zugänglich sind.

3.2.3 Auswahl der Verhandlungsteilnehmer

Im Ergebnis ist die Konfliktanalyse die Basis für die Auswahl der Verhandlungsteilnehmer, die die von dem Vorhaben berührten Interessen repräsentieren sollen. Aufgrund des vorgestellten Ansatzes gehen wir davon aus, daß die Interessenidentifikation durch den Konfliktmittler nicht zu einer Einengung des Kreises der Beteiligten führt, sondern eher zu einer Verbreiterung im Hinblick auf das Gelingen einer umfassenden Verhandlungslösung. Man wird nur Verhandlungspakete schnüren können, wenn eine breite Repräsentanz der berührten Interessen und Belange sichergestellt ist. Sofern zur Beteiligung an einem Aushandlungsprozeß eine grundsätzliche Bereitschaft besteht, wird der Konfliktmittler nicht auf Schwierigkeiten stoßen, wenn er die entsprechenden Träger der identifizierten Belange und Interessen einlädt. Schwieriger wird es, wenn bestimmte Belange, beispielsweise der sozial schwächeren Personen oder die Belange zukünftiger Generationen, nicht in Gruppen organisiert sind. Hier müssen Repräsentanten im weiteren Sinne vorgeschlagen werden, wie z. B. von den Kirchen oder den Wohlfahrtsverbänden.

Unter Umständen kann es auch sinnvoll sein, andere als die "natürlichen" Sprecher der verschiedenen Institutionen oder Gruppierungen als Verhandlungsteilnehmer zu nominieren. Hintergrund dieser Überlegung ist, daß festgefahrene Situationen nicht dadurch zementiert werden sollen, daß die bereits in der Öffentlichkeit in ihren Positionen festgelegten "Streithähne" wiederum direkt an einem Tisch aufeinanderprallen. Ein solches Vorgehen kann jedoch schwierig sein. Bei einer Behörde oder einem Unternehmen wird der Konfliktmittler beispielsweise auf harten Widerstand stoßen, wenn er den Vorschlag unterbreitet, diese oder jene Person anstelle des bereits in der Öffentlichkeit bekannten Repräsentanten zu benennen, weil die betreffende Einrichtung oder das Unternehmen einen Imageverlust befürchtet. Bei Initiativgruppen wird man sich unter Berufung auf basisdemokratische Grundsätze eine Einmischung in die Nominierung der Verhandlungsteilnehmer ebenfalls verbitten wollen. Auch hier gilt jedoch, daß es entscheidend auf die Überzeugungsarbeit des Vermittlers ankommt.

Wenn es auch im einen oder anderen Fall geboten erscheinen kann, nicht die Hauptrepräsentanten eines Konfliktes an den Verhandlungstisch zu holen, so muß doch in jedem Fall sorgfältig darauf geachtet werden, daß solche Vertreter an den Verhandlungstisch geholt werden, die fähig sind, Verlauf und Ergebnis der Verhandlungen in ihre jeweiligen Gruppierungen zurückzuvermitteln, und die von diesen Gruppen auch als legitimierte Vertreter anerkannt werden.

Ein weiteres Problem dieser Verfahrensstufe besteht in der zahlenmäßigen Beschränkung des Teilnehmerkreises. Je größer die Teilnehmerzahl ist, desto schwieriger wird die Konsenssuche. Aber es ist davor zu warnen, den Teilnehmerkreis zu eng zu ziehen: Schwierigkeiten, die sich daraus ergeben, daß nicht alle Parteien am Verhandlungstisch repräsentiert sind, lassen sich im Verfahrensverlauf nur schwer beseitigen. In den USA konnten auch immer wieder Koalitionsbildungen in den Verhandlungen beobachtet werden. In der Regel werden unterschiedliche inhaltliche Auffassungen von wenigen Sprechern artikuliert, so daß eine größere Anzahl von Beteiligten nicht notwendig zu einem ineffektiven Arbeiten führen muß.

Schließlich müssen in der konstituierenden Sitzung der Verhandlungsrunde die Person des Konfliktmittlers und seine Auswahl des Teilnehmerkreises von den Verhandlungsteilnehmern ausdrücklich bestätigt werden.

3.2.4 Festlegung des Verhandlungsrahmens und der Spielregeln

Nachdem die Teilnehmer des Verfahrens ermittelt wurden, muß in einem nächsten Schritt eine Einigung über die Inhalte, den zeitlichen Ablauf und die Verfahrensregeln der Verhandlungen erzielt werden. Zunächst sollten Spielregeln für die Verhandlungen festgelegt werden.

Dabei geht es im wesentlichen um die Beantwortung folgender oder ähnlicher Fragen:

- Wo sollen die Treffen abgehalten werden?
- Wie oft?
- Welche Sitzordnung soll gelten?
- Soll die Öffentlichkeit oder sollen Beobachter zu den Verhandlungen zugelassen werden?
- Sollen die Medien über die Ergebnisse einer jeweiligen Verhandlungsrunde informiert werden?
- In welcher Weise sollen die Sitzungen protokolliert werden?
- Ist ein Zwischenbericht abzufassen?
- Welche Entscheidungsregeln gelten?
- Wer übt die Diskussionsleitung aus?
- Welche Verhaltens- und Verschwiegenheitspflichten bestehen in bezug auf Geschäfts- und Betriebsgeheimnisse?
- Wie werden die Spielregeln geändert?
- Ist es sinnvoll, für die Verhandlungsparteien allgemeine Verhaltenspflichten festzulegen?
- In welcher Weise wird den Repräsentanten von Interessengruppen die Möglichkeit eingeräumt, von den Verhandlungsfortschritten zu berichten und neue "Verhandlungsdirektiven" einzuholen?

Carpenter und Kennedy geben folgendes Beispiel für Verfahrensspielregeln:

I. Allgemeines

1. Die Verhandlungsrunde ist verantwortlich für den Ablauf und das Ergebnis dieses Projektes. Nach anfänglichen Treffen, auf denen die Informationen über das Vorhaben ausgetauscht werden, wird sie die Verhandlungsgegenstände festlegen und einen Zeitplan aufstellen.

2. Die Verhandlungsrunde kann Untergruppen bilden, die sich aus ihren Mitgliedern oder anderen Personen zusammensetzen. Diese Untergruppen haben die Aufgabe, besondere Fragestellungen intensiv zu erörtern und zu studieren. Das Letztentscheidungsrecht verbleibt allerdings bei der ursprünglichen Verhandlungsrunde.

3. Da der Erfolg der Verhandlungsbemühungen von der Kooperationsbereitschaft der Teilnehmer abhängt, müssen die Mitglieder die folgenden Richtlinien akzeptieren.

a) Persönliche Angriffe werden nicht toleriert.

b) Die Motivation und Intention der Teilnehmer wird nicht in Frage gestellt.

c) Die persönliche Integrität und die Wertvorstellungen der Teilnehmer werden respektiert. Eine Stereotypisierung ist zu vermeiden.

d) Versprechungen werden nicht leichtfertig gemacht und sind einzuhalten. Verzögerungstaktiken, die initiiert werden, um unerwünschte Ergebnisse zu vermeiden, werden nicht akzeptiert.

e) Mangelnde Übereinstimmung wird als Problem betrachtet, das es zu lösen gilt, und nicht als eine Schlacht, die es zu gewinnen gilt.

II. Vertreter und Beobachter

1. Da der Erfolg der Verhandlungen letztlich von den persönlichen Beziehungen und dem Vertrauen zwischen den Parteien abhängt, wird eine Vertretung für die Teilnehmer nicht erlaubt.

2. Bevor eine Entscheidung im Hinblick auf irgendeinen Unterpunkt getroffen wird, wird für jeden Verhandlungsteilnehmer ausreichend Zeit zur Verfügung gestellt, um sich mit seiner "Basis", seinem Rechtsbeistand oder Fachbeistand zu beraten. Technische Experten können jederzeit eingeladen werden, um zusätzliche Informationen zu präsentieren. Nur besonders eingeladene Beobachter dürfen teilnehmen.

3. Sobald ein Verhandlungsteilnehmer zu erkennen gibt, daß er oder sie nicht länger kontinuierlich an den Verhandlungen teilnehmen kann, kann ein permanenter Vertreter ausgewählt werden.

III. Informationen

1. Den Verhandlungsteilnehmern werden alle sachdienlichen Informationen zur Verfügung gestellt.

2. Informationen, die dazu benutzt werden können, um die eigenen Positionen zu unterstützen, werden allen Teilnehmern be-

kanntgegeben und "geteilt". Ansprüche auf eine privilegierte Behandlung sind nur bei ausdrücklicher Begründung und Akzeptanz der Verhandlungsrunde gestattet.

3. Vertrauenswürdige Daten sind zu respektieren.

4. Informationen dürfen nicht aufgrund taktischer Erwägungen zurückgehalten werden.

5. Alle Statements und Dokumente, die im Verlauf der Verhandlung benutzt werden, dürfen nicht als Beweismittel in einem behördlichen oder gerichtlichen Verfahren verwendet werden. Allerdings ist es den Parteien unbenommen, für die Durchsetzung ihrer Rechte zu sorgen. Sie sollten sich jedoch darüber bewußt sein, daß die Initiierung eines gerichtlichen Verfahrens den Verhandlungsprozeß behindern und ihre Glaubwürdigkeit als Verhandlungsteilnehmer beeinträchtigen kann.

IV. Kontakt zu den Medien

Die Verhandlungen sind nicht für Mitglieder der Presse zugänglich. Die Verhandlungsrunde verpflichtet sich aber, regelmäßig Erklärungen herauszugeben.

V. Durchsetzung

Es ist die Aufgabe der Verhandlungsteilnehmer und des Konfliktmittlers, dafür zu sorgen, daß die Verhandlungsspielregeln beachtet werden.

Es empfiehlt sich, die Spielregeln in einer schriftlichen **Verfahrensübereinkunft** festzulegen. Um zeitsparend zu arbeiten, bietet es sich an, einen ersten Entwurf dieser Übereinkunft von einer Untergruppe oder dem Konfliktmittler vorgelegen zu lassen. Bei der Ausarbeitung des Entwurfs ist auf die besonderen Interessen der Verhandlungsparteien einzugehen. Hierfür werden im Regelfall Vorgespräche erforderlich sein. Bei den Mediationfachgesprächen um die Sanierung der Sonderabfalldeponie Münchehagen hat sich beispielsweise als ein zentrales Hindernis für den offenen Diskussionsprozeß herausgestellt, daß befürchtet wurde, jedes "laute Nachdenken" könne zur Folge haben, daß die relativ unfertigen Gedanken am nächsten Tag in der Zeitung wiederzufinden sind. Diesem Aspekt wurde daher in der Verhandlungsübereinkunft, die wir hier beispielhaft wiedergeben, eine besondere Bedeutung beigemessen:

Verfahrensvereinbarung Münchehagen (M. Striegnitz, ZAU 1990, 57)

I. Ziel der Teilnehmer dieser Veranstaltung ist es, in einem fairen Gesprächs- und Diskussionsprozeß

– zu erarbeiten, wieweit Übereinstimmung in der Beschreibung der hydrogeologischen Situation der Sonderabfalldeponie Münchehagen vorliegt,
– zu präzisieren, welche Fragen offen sind oder kontrovers beurteilt werden,
– sich auf Verfahren zu verständigen und diese zu benennen, die geeignet erscheinen, die offenen und kontroversen Fragen einer Beantwortung zuzuführen.

II. Hierzu ist produktive Entwicklungs- und Entwurfsarbeit zu leisten, die mehr erfordert als den bloßen Austausch von Standpunkten. Es bedarf hierzu eines in gewissen Grenzen geschützten Freiraumes, der

– die tastende Suche nach neuen Antworten auf die gestellten Fragen,
– den krativen Entwurf neuer Ideen,
– die – zunächst immer versuchsweise – Formulierung gemeinsam getragener Sichtweisen und Positionen

ermöglicht und fördert.

III. Im einzelnen wird vereinbart:

– Die zu verhandelnde Thematik wird auf Fragen der Hydrogeologie begrenzt.
– Die Diskussion wird fair und in Achtung vor der Person geführt. Persönliche Angriffe und Schuldzuweisungen werden nicht geduldet.
– Die Diskussion wird nicht auf Tonträger mitgeschnitten oder in anderer Weise elektronisch aufgezeichnet.
– Ein schriftliches Stichwort-Protokoll wird nur für interne Zwecke der Arbeitsgruppe geführt. Es wird nicht veröffentlicht.
– Äußerungen einzelner Teilnehmer während dieses Fachgesprächs dürfen nicht ohne ausdrückliche Zustimmung der jeweiligen Teilnehmer zitiert werden und dürfen nicht für Verwaltungsvorgänge oder Gerichtsverfahren verwertet werden.

– Ein Abschlußbericht und ggf. Zwischenbericht über die erzielten Ergebnisse (im Hinblick auf die in I. genannten Ziele) wird erarbeitet und der Öffentlichkeit, Politik/Medien sowie Politik vorgestellt.

– Entscheidungen über Ergebnisse und Zwischen-/Abschlußberichte werden einstimmig getroffen, ggf. sind Minderheitenvoten einzuarbeiten.

– Informationen über Verlauf und Zwischenergebnisse an Presse-Medien werden nicht vor dem angesetzten Pressegespräch abgegeben.

Von besonderer Bedeutung ist die Verankerung von Protokollierungspflichten. Protokolle erleichtern zum einen die Einarbeitung, falls nachträglich neue Teilnehmer für die Verhandlungsrunde nominiert werden. Zum anderen sind sie die Basis für Zwischen- und Abschlußberichte und damit für die schriftliche Abfassung einer Verhandlungslösung. Wichtig ist auch, daß die Teilnehmer den aufgestellten Regeln ausdrücklich zustimmen und sie für ihr weiteres Verhalten akzeptieren.

Anschließend geht es darum, die Fragestellungen herauszuarbeiten, die für eine Konfliktlösung wesentlich sind, und die Reihenfolge ihrer Bearbeitung festzulegen. Es ist Aufgabe des Konfliktmittlers, ausgehend von der Konfliktanalyse, einen Strukturvorschlag zu den Verhandlungsschwerpunkten vorzustellen. Eine Abstimmung dieses Strukturvorschlages in der Verhandlungsrunde muß sicherstellen, daß Einigkeit darüber besteht, was die Schwerpunkte der Auseindersetzung sind. Der Katalog der zu behandelnden Fragestellungen sollte nicht zu umfassend abgefaßt sein, damit die Verhandlungen nicht von Beginn an als aussichtsloses Unterfangen erscheinen. Andererseits darf es nicht zu einer Verkürzung der Problemsicht kommen, weil sonst eine umfassende Verhandlungsübereinkunft bereits zu einem frühen Zeitpunkt unmöglich gemacht wird.

Festlegungen zum zeitlichen Rahmen der Verhandlungen sind ebenfalls dringend erforderlich, um ein Gelingen des Aushandlungsprozesses sicherzustellen. Für die Behörden, insbesondere aber für den Vorhabenträger, ist die Frage des Zeitgewinns ein sehr wesentliches Entscheidungskriterium für die Beteiligung am Mediationprozeß. Dabei ist zu bedenken, daß der wesentliche Zeit- und Kostengewinn für den Fall eines erfolgreichen Aushandlungsprozesses nicht von der Verhandlungsdauer unmittelbar abhängt, sondern davon, inwieweit ein Verhandlungsergebnis zustande kommt, das aufgrund seiner Qualität weitreichenden Anfechtungen nicht mehr ausgesetzt sein wird.

Auch von seiten der Nachbarn und Vorhabengegner wird aber eine zeitliche Vorgabe gewünscht werden, damit sichergestellt ist, daß dem Mediationprozess nicht lediglich "Befriedungsfunktion" zugedacht wird, während "im geheimen" der Abschluß des förmlichen Verfahrens vorangetrieben wird.

Aus den USA gibt es Beispiele, alle Verhandlungsparteien an den Kosten der Verfahrensdurchführung, insbesondere an der Vergütung des Konfliktmittlers zu beteiligen, um einen Anreiz für eine zügige Verhandlungsführung zu schaffen und die Bereitschaft zur effektiven Mitarbeit an der Lösungssuche zu erhöhen.

Für das Gelingen der Verhandlungen ist nicht zuletzt auch die Bestimmung des äußeren Rahmens der Verhandlungen bedeutsam. Eine Wochenendsitzung in einer Tagungsstätte im Grünen wird sicherlich bessere Bedingungen für ein gutes Verhandlungsklima abgeben als die 3-Stunden-Sitzung im Besprechungsraum eines städtischen Verwaltungsgebäudes. Es bietet sich an, daß der Konfliktmittler für die entsprechenden logistischen Voraussetzungen der jeweiligen Verhandlungsetappen sorgt.

3.2.5 Kooperative Informationsbeschaffung

Die Verhandlungen können nur gelingen, wenn zu den jeweiligen Verhandlungsgegenständen ein annähernd gleichwertiger Informationsstand gewährleistet ist.

Eine kooperative Informationsgewinnung setzt zunächst voraus, daß alle an den Verhandlungen beteiligten Parteien den Zugang zu den ihnen verfügbaren Informationen ermöglichen.

Vornehmlich an die Behörden muß deshalb der Appell gerichtet werden, eine großzügigere Informationspolitik als bisher zu betreiben. Dabei ist lediglich zu beachten, daß berechtigte Interessen an der Geheimhaltung von Geschäfts- und Betriebsgeheimnissen respektiert werden. Sofern sich jedoch – wie es für einen erfolgversprechenden Mediationprozeß ohnehin erforderlich ist – der jeweilige Antragsteller dem Aushandlungsprozeß ernsthaft öffnen will, wird er Geheimhaltungsinteressen entgegen der bisher üblichen Praxis nur noch in wenigen tatsächlich bedeutsamen Fällen geltend machen. Im Zweifel können außerdem auch Vereinbarungen getroffen werden, die die Beteiligten zur Verschwiegenheit verpflichten. Sollte es an dieser wichtigen Stelle nicht gelingen, zu einvernehmlichen Regelungen über die Offenheit der relevanten Informationen zu gelangen, so dürfte dem Erfolg des Mediationprozesses ein praktisch unüberwindbares Hindernis entgegenstehen.

Weiterhin müssen sich die Verhandlungsparteien darüber verständigen, welche Informationen noch von anderer Seite eingeholt werden müssen, um eine ausreichende Verhandlungs- und Entscheidungsgrundlage zu haben.

Je früher der Mediationprozeß einsetzt, desto besser können gemeinsame Abstimmungen zu den relevanten Fragestellungen vorgenommen werden. Das Mediationverfahren bietet die Chance, die Informationsbeschaffung gezielt auf die Fragen auszurichten, die gemeinsam als klärungsbedürftig angesehen werden. Der in herkömmlichen Verfahren üblichen Praxis, zu allem und jedem einen Fachgutachter auflaufen zu lassen – mit der Folge, daß sich die Auseinandersetzung zwischen den Beteiligten in einen unüberschaubaren Gutachterstreit verlagern –, kann durch eine kooperative Informationsbeschaffung wirksam begegnet werden. Dabei kann es auch erforderlich werden, bestimmten Fragen nachzugehen, die sich nur einer besonderen Teilnehmergruppe stellen. Dem sollte Rechnung getragen werden, indem der Mediator Geldmittel erhält, die er einzelnen Gruppen zur Beauftragung eigenen Sachverstands zur Verfügung stellen kann. Ein solcher Gutachterfonds sollte deshalb bei der Finanzierungsplanung eines Mediationverfahrens nicht unberücksichtigt bleiben. Solange begründete Zweifel bestehen, ob und inwieweit die vorliegenden Informationen ausreichenden Aufschluß über die zu erörtenden Fragen geben, sollte in die Verhandlungen im engeren Sinne nicht eingestiegen werden.

3.3 Konfliktlösungssuche

Die Verhandlungspartner sind gefunden, die Spielregeln stehen fest, und die Informationsungleichgewichte wurden vermindert. Nunmehr steht den eigentlichen Verhandlungen nichts mehr im Wege. Allen Beteiligten wurde in den Vorgesprächen immer wieder aufgezeigt, daß der Mediationprozeß nur Aussicht auf Erfolg hat, wenn sie sich neuen

Lösungswegen offen zeigen und eine hohe Bereitschaft zur Konsensbildung mitbringen. Gleichwohl steht zu erwarten, daß die Verhandlungen in vielen Fällen von jeder Partei mit den sattsam bekannten Maxi-
malpositionen aufgenommen werden.

3.3.1 Auf Interessen konzentrieren, nicht auf Positionen

Um nicht schnell das Abgleiten der Verhandlungsrunde in eine beliebige Diskussionsveranstaltung zu riskieren, ist in dieser Anfangssitua-
tion der Konfliktmittler gefordert. Ausgehend von der Konfliktanalyse
muß er ein Interessenprofil der verschiedenen Beteiligten zeichnen
und zur Weiterentwicklung zur Diskussion stellen. Jeder Verhandlungsteilnehmer muß anhand des eigenen und des Vortrags der Mit-
beteiligten erkennen, worin die Unterschiede zwischen Interessen und
Position liegen. Der Mediationprozeß soll keine Arena für Schau-
kämpfe bilden, sondern zu einem verträglichen Interessenausgleich
führen. Bei einem Ansiedlungskonflikt um eine Deponie müßte beispielsweise herausgearbeitet werden, welche Interessen zur Einnah-
me der Position "Keine Abfalldeponie in dieser Stadt" geführt haben.
Zumeist liegen dahinter Belange wie etwa die Angst vor einem
Schadenseintritt, die Steigerung von Belästigungen durch Verkehr, die
Gefahr sinkender Grundstückspreise etc. Im Verlauf der Aushandlungsprozesse geht es dann darum auszuloten, ob den jeweiligen Interessen zum Beispiel durch erweiterte Vorkehrungen vor einem
Schadenseintritt, durch aktive und passive Lärmschutzmaßnahmen
oder durch Kompensationen für mögliche Wertminderungen Anerkennung verschafft werden kann.

Die Analyse darf aber nicht vom Konfliktmittler im Alleingang vorgenommen werden. Vielmehr muß jede bedeutsame Forderung oder Abwehrhaltung von der versammelten Verhandlungsrunde darauf überprüft werden, ob es sich um ein originäres Interesse oder eine strate-
gisch-taktische Position handelt. Nur dann kann es gelingen, wechsel-
seitig Verständnis für die Einstellungen der Parteien zu gewinnen.
Soweit sich der Eindruck festigt, daß die eigene Interessenlage erkannt ist und ernstgenommen wird, werden Positionen auch eher geräumt, weil sie zur Interessenwahrnehmung nicht mehr unbedingt als
erforderlich erachtet werden. Spätestens an dieser Stelle zeigt sich,
weshalb in vielen Fällen nicht jede Einzelphase der Verhandlungen in
aller Öffentlichkeit stattfinden sollte. Einem Verhandlungsführer muß
es möglich sein, sich den Anforderungen des Aushandlungsprozesses

zu stellen, indem er gewisse Positionen preisgibt, wenn insgesamt die Durchsetzungschancen für die repräsentierten Interessen steigen. Ein solches Aufeinanderzugehen kann empfindlich gestört werden, wenn die vorzeitige Einmischung von außen droht.

3.3.2 Eine win-win-Situation herstellen!

Nach dem Herausarbeiten der Interessensprofile ist es an der Zeit, die widerstreitenden Interessen zum Ausgleich zu bringen. Unumstößliche Voraussetzung für das Gelingen eines Aushandlungsprozesses ist das – wie es im Amerikanischen prägnant heißt – Herstellen einer "win-win-situation".

Alle Verhandlungsteilnehmer sollen als "Gewinner" aus den Verhandlungen herausgehen können. Jeder muß auf seinem Interessenkonto Erfolge verbuchen können. Dabei kann es nicht darum gehen, mit der besseren Taktik einen Tageserfolg in den Verhandlungen zu erzielen. Es ist breite Konsensbildung gefordert. Die amerikanischen Erfahrungen lehren dabei, daß mehr als Kompromißbereitschaft gefordert ist. Das Herstellen einer win-win-Lösung verlangt von jedem Verhandlungsteilnehmer neben der Bereitschaft zum Einlenken auch ein Verständnis für die Interessenlage des anderen. Wieder zeigt sich, warum es gut sein kann, die Verhandlungen ein kleines Stück weit "im geheimen" stattfinden zu lassen. Warum sollte sich nicht der Sprecher eines Firmenvorstandes laut Gedanken machen können, wie die Interessen einer Standortgemeinde gegenüber dem Regierungspräsidenten besser verwirklicht werden können?

Natürlich kann auch ein insgesamt produktiver Gruppenprozeß ins Stocken kommen. In derartigen Phasen setzt erneut die Aufgabe des Konfliktmittlers ein, durch andere Herangehensweisen und neue Vorschläge wieder Bewegung in die Verhandlung zu bringen. Er sollte die Diskussion von vornherein dahin lenken, eine gewisse Vielfalt der Lösungsmöglichkeiten zu entwickeln. Es müssen Entscheidungsmöglichkeiten erarbeitet werden, die tendenziell allen zum Vorteil gereichen. Dies kann nur gelingen, wenn das einfache Entscheidungsmuster des "Entweder-Oder" verlassen wird. Deshalb kann es auch nicht primär darum gehen, der jeweils anderen Partei schlicht Abstriche gegenüber ihrer ursprünglichen Position abzuhandeln.

Statt nach der "einen" Lösung zu suchen, muß also nach vielen Alternativen, auch in Einzelfragen, Ausschau gehalten werden. Ein

Brainstorming kann dafür den ersten Einstieg bieten, aber auch in schwierigen Phasen erneut eingeschoben werden.

Für die Suche nach einem Ausweg aus verfahrenen Situationen hat sich in den USA das sogenannte "batna-Konzept" bewährt (batna: best alternative to a negotiated agreement): In Kleingruppenarbeit erörtert der Konfliktmittler mit den jeweiligen Verhandlungsparteien die Kompromißmöglichkeiten und die möglichen Alternativen zur Fortführung des Verhandlungsprozesses, um zu klären, ob und wie eine Konfliktlösung noch erreicht werden kann. Sobald die Interessenwahrnehmung außerhalb der Verhandlungsrunde für eine relevante Gruppe mehr Erfolg als die Teilnahme am Verhandlungstisch verspricht, sollte der Verhandlungsprozeß als gescheitert angesehen werden.

3.3.3 Verhandlungspakete schnüren

Interessen hinter Positionen erkennen, win-win-Situationen herstellen und die Reflektion auf das batna-Konzept – diese Bausteine sind bewußt als Teile eines kommunikativen Prozesses herausgestellt worden. Sie dürften nicht als gruppendynamisches Beiwerk abgetan werden, sondern sind als Bestandteile der intendierten neuartigen Konfliktlösungssuche wichtige Instrumente. Ihr Erfolg mißt sich deshalb nicht am Wohlbefinden der Teilnehmer. Gradmesser sind vielmehr Art und Umfang des ausgehandelten Interessenausgleiches. Nun müssen aus den entwickelten Vorschlägen und Alternativen Verhandlungspakete geschnürt werden, in denen die ganze Breite der am Tisch vertretenen Interessen zum Ausdruck kommt. Über die Abwägungs- und Auflagenbestimmungen des förmlichen Verwaltungsverfahrens hinaus werden weitreichende Abstimmungen und Übereinkünfte getroffen, die der Komplexität des Interessengeflechtes gerecht werden sollen. Hier ist nicht zuletzt auch ein wenig Mut zum Risiko gefragt.

Bestandteile von Verhandlungspaketen können z. B. sein: Das beteiligte Ministerium verspricht einen Zuschuß zur Kläranlage des geplanten Industrieunternehmens, damit gemeindliche Abwässer mitgereinigt werden können. Das Industrieunternehmen beläßt einen Teil der Produktion am alten Standort, so daß nur zwei Drittel der geplanten Bruttogeschoßfläche erforderlich werden und mehr als 50% des An- und Abfahrverkehrs entfallen. Oder die Nachbarn erhalten als Gegenleistung für Geruchsbelästigungen Teilzeitarbeitsplätze vom Ansiedler. Der Naturschutzgruppe wird erlaubt, am entlasteten Fluß Biotoppflege zu betreiben, wenn sie einen allgemein zugänglichen Naturlehrpfad errichtet. Sie kann damit auf Kosten des Anlagenbetreibers absichern, daß die erkämpfte Gewässergüte nicht durch neuansiedelnde Direkteinleiter wieder verschlechtert werden kann.

Der Phantasie sind fast keine Grenzen gesetzt, wenn das Ziel klar vor Augen bleibt: Die Beteiligten suchen nach einem Interessenausgleich. Sie nutzen die Chancen des Mediationverfahrens, sehr verschiedene Parteien mit sehr unterschiedlichen Anliegen und Interessen, aber auch sehr verschiedenen Potenzen und Gestaltungsmöglichkeiten, in einer umfassenden Verhandlungslösung zusammenzuführen.

3.4 Umsetzungsphase

Wenn die Verhandlungen am runden Tisch erfolgreich zu Ende geführt worden sind, müssen die Ergebnisse umgesetzt werden.

3.4.1 Vermittlung und Unterzeichnung der Verhandlungsergebnisse

Die gefundenen Ergebnisse können nur Bestand haben, wenn sie von den Institutionen und Gruppen, die am Verhandlungstisch vertreten waren, auch in vollem Umfang getragen werden. Hierzu bedarf es der ausführlichen Vermittlung von Verlauf und Ergebnis der Verhandlungen in die jeweilige Beteiligtengruppe. Sicherlich ist nicht davon auszugehen, daß ein Repräsentant ohne jede Rückkoppelung und Mandat an den Verhandlungen teilgenommen hat. Aber zwischen dem Formulieren von Verhandlungszielen und der endgültigen Zustimmung zum Verhandlungsergebnis bestehen regelmäßig Differenzen, die abschließend zu überprüfen sind. Sollte ein Interessenvertreter keine Zustimmung erzielen können, ist wiederum die Autorität des Konfliktmittlers gefragt, der Beteiligtengruppe den Verhandlungsgang und die Kompromißlösung zu erläutern.

Wenn die erforderliche Zustimmung zu den Ergebnissen vorliegt, sollten sie durch Unterzeichnung einer Vereinbarung festgeschrieben werden.

3.4.2 Bindung der Parteien an die Verhandlungsergebnisse

Nach Unterzeichnung der Verhandlungsübereinkunft müssen die Parteien (rechts-)wirksam an die Ergebnisse der Verhandlungen gebunden werden. Zwischen dem Vorhabenträger und den Betroffengruppen dürften regelmäßig Vertragsabschlüsse zweckmäßig sein. Zu einer vertraglichen Verpflichtung oder einer Zusage der Zulassungsbehörde wird es häufig nicht kommen, da der Verwaltung enge Grenzen gesetzt sind, Vorgaben für Verwaltungsentscheidungen einzugehen, die in einem förmlichen Verfahren zu ergehen haben (siehe dazu eingehend unten, Teil I., 6.1, 6.2).

Die Ergebnisse eines mittlergestützten Aushandlungsprozesses können aber bei der Entscheidungsfindung voll Berücksichtigung finden, sofern sie als Ergänzung und nicht als Ersatz der behördlichen Abwägungsentscheidung angesehen werden. In diesem Rahmen steht es der Behörde grundsätzlich frei, sich die Verhandlungslösung zu eigen zu machen.

Die Zulassungsbehörde wird gut beraten sein, die Verhandlungsergebnisse, soweit es rechtlich zulässig ist, in die Zulassungsentscheidung aufzunehmen. Hierzu können insbesondere Auflagen dienen, deren Reichweite ausgeweitet werden kann, wenn der Vorhabenträger im Gegenzug – aufgrund der Verhandlungsübereinkunft – auf Rechtsmittel gegen bestimmte Auflageninhalte verzichtet hat.

Soweit die Verhandlungsübereinkunft nicht in unmittelbarem Zusammenhang mit einer abschließenden Zulassungsentscheidung getroffen wurde, sondern eine Vorplanung oder eine Verfahrensetappe betrifft, bedarf es keiner gesonderten Umsetzung. Es steht nicht zu erwarten, daß von seiten der Vorhabenträger oder der Behörden der erzielte Kompromiß, der bedeutsam für den Verfahrensfortgang ist, noch einmal gefährdet wird. Schließlich können auch die weiteren Beteiligten je nach rechtlicher Stellung in eine vertragliche Übereinkunft eingebunden oder auf (politisch) verbindliche Zusicherungen festgelegt werden. Wenn für die Umsetzung in jedem Fall auch juristische Detailarbeit nötig ist, so sind doch grundsätzliche Bedenken gegen das Mediationmodell unter dem Gesichtspunkt der Umsetzung einer Verhandlungslösung nicht zu befürchten. Im einzelnen gehen wir darauf in Teil I., 6.2 ein.

3.4.3 Abreden zur Lösung zukünftiger Streitigkeiten

Damit die Investitionen der Beteiligten in Zeit und Geld nicht verloren gehen, wenn es später zu Problemen in der Praxis kommen sollte, muß auch für diesen Fall vorgebaut werden. Deshalb sollte ein Mechanismus für die Lösung zukünftiger Streitigkeiten von den Parteien noch vor Abschluß der Verhandlungen vereinbart werden. Denkbar ist z. B., daß die Parteien für bestimmte Fälle eine Wiederaufnahme der Verhandlungen verabreden. Auf diese Weise könnten die Vertrauensbeziehungen, die sich im Verlaufe der früheren Verfahrensphasen entwickelt haben, bei einer neuerlich notwendig werdenden Konfliktregulierung genutzt werden.

Des weiteren kommt die Vereinbarung eines Schlichtungs- bzw. Schiedsverfahrens in Betracht. In einem später noch ausführlich beschriebenen Vertrag zwischen Bielefelder Bürgergruppen und dem Betreiber der dortigen Müllverbrennungsanlage ist z. B. die Errichtung einer Kommission vorgesehen (siehe unten, Teil III., 5.). Diese soll über Streitigkeiten befinden, die die von der Anlage ausgehenden Immissionen im laufenden Betrieb betreffen.

Für die Phase der Umsetzung der Verhandlungsübereinkunft ist an die Errichtung eines Überwachungskomitees zu denken. Dem Komitee könnte die Aufgabe zukommen, die Einhaltung der getroffenen Vereinbarungen zu kontrollieren. Es könnte beispielsweise auch die Instanz sein, an die der Vorhabenträger Meßdaten über den Betrieb einer Anlage weiterzuleiten hat.

4. Mögliche Inhalte von Verhandlungslösungen

Einer der wesentlichen Vorteile eines Aushandlungsprozesses liegt in der Breite der möglichen Verhandlungsergebnisse. Im Wege der freien Übereinkunft können Vereinbarungen getroffen werden, die nach Art und Umfang nicht Gegenstand einer Verwaltungsentscheidung sein können. Nur wenn es gelingt, diese Flexibilität der informellen Verhandlungen gegenüber dem formellen Verfahren zum Nutzen aller Beteiligten einzusetzen, werden sich mittlergestützte Aushandlungsprozesse als Konfliktlösungsalternativen durchsetzen können.

Mediation ist nach unseren Vorstellungen nicht nur Sinnbild für ein gleichberechtigtes Verfahren. Mediation steht für uns auch für das Ziel eines optimalen Interessenausgleiches. Wegen der Bedeutung dieses Elements des Mediationmodells wollen wir auf den Punkt "Schnüren von Verhandlungspaketen" noch einmal zurückkommen und die Maßnahme anhand von Beispielen herausstreichen, mit denen win-win-Situationen hergestellt werden können.

4.1 Vermeidungsmaßnahmen

Erstes Gebot einer Kompromißsuche wird sicherlich sein, das notwendige und akzeptable Maß eines Projekts auszuloten. Unter der Voraussetzung, daß der Aushandlungsprozeß bereits zu einem sehr frühen Zeitpunkt beginnt, wird es möglich sein, auf die Dimensionierung der geplanten Anlage Einfluß zu nehmen. Dadurch können weitreichende Eingriffe in Natur und Landschaft ebenso vermieden werden wie schwerwiegende Belastungen des Wohlbefindens und der Gesundheit der betroffenen Anwohner. Die Vermeidung unnötiger Belastungen kann am runden Verhandlungstisch aber auch dadurch erzielt werden, daß nicht ein Projekt allein in das Blickfeld gerückt wird, sondern für ein bestimmtes Gebiet – z. B. für die Abfallentsorgung – ein Regionalkonzept ausgehandelt wird. Aus dieser Perspektive erscheint sogar der gänzliche Verzicht auf bestimmte Anlagen als ein durchaus denkbares Ergebnis des Verhandlungsprozesses.

4.2 Schutzmaßnahmen

Auf dem Verhandlungswege kann insbesondere Einigung darüber erzielt werden, daß der jeweilige Vorhabenträger zu Maßnahmen verpflichtet wird, die die gesetzlichen Anforderungen überschreiten. Dies kann z. B. betreffen:

– Die deutliche Unterschreitung von Grenzwerten,

– Schutzvorrichtungen, die über den aktuellen Stand der Technik hinausgehen,

– Überprüfungs- und Nachbesserungspflichten in bestimmten Zeitabständen, unabhängig von nachträglichen Anordnungen der zuständigen Behörde,

– die Gewährung von Einblick in Unterlagen, die üblicherweise mit dem Verweis auf bestehende Betriebs- und Geschäftsgeheimnisse nicht der Öffentlichkeit zugänglich sind,

– Begehungsrechte für von den Beteiligten ausgewählte Sachverständige,

– die Veröffentlichung von Meßergebnissen,

– die Beteiligung von Betroffenen bei der Anlagenkontrolle.

4.3 Ausgleichs- und Ersatzmaßnahmen

Denkbar sind darüber hinaus auch Lastenausgleichsmaßnahmen außerhalb des jeweiligen Betriebsgeländes. Derartige Maßnahmen sind bisher nur im Naturschutzrecht ausdrücklich vorgesehen. Es ist aber durchaus vorstellbar, daß solche Maßnahmen auch in anderen Konfliktbereichen vereinbart werden oder daß noch weitergehende Vereinbarungen bezüglich des Naturschutzes getroffen werden. Als mögliche Beispiele lassen sich nennen:

– Verpflichtungen zur Beteiligung an der Verbesserung oder dem Ausbau von mitbenutzten Kläranlagen zum Zweck des Gewässerschutzes,

– die Kostenübernahme für passive Lärmschutzmaßnahmen, wie Lärmschutzfenster und Lärmschutzzäune, um Lärmbelästigungen durch den Lkw-Anlieferverkehr in weitem Umkreis abwehren zu können; derzeit gibt es eine entsprechende rechtliche Verpflichtung regelmäßig nur für den Bereich der unmittelbaren Anbindungsstraße,

– die Förderung bestimmter Untersuchungen zum Gesundheitsschutz der Anwohnerschaft, vor allem die Verpflichtung zur Finanzierung von Langzeituntersuchungen, um nicht weiterhin für den sog. epidemiologischen Kausalitätsnachweis, der in der Umwelthaftungsdiskussion eine große Rolle spielt, im Schadensfall eine unzureichende Datengrundlage zu haben.

4.4 Kompensationsleistungen, insbesondere finanzielle Leistungen

Schließlich können auch Kompensationsleistungen ausgehandelt werden, die einen Ausgleich für die in der Nähe eines umweltbedeutsamen Vorhabens eintretenden Wohnwertverluste bieten sollen: Freibad, Bürgerhaus, Kindergarten – hier sind der Phantasie nur finanzielle Grenzen gesetzt. Kennzeichen derartiger Leistungen ist, daß durch das finanzielle Engagement des Vorhabenträgers die durch die Anlage erzeugten Belastungen nicht vermieden oder vermindert, sondern die entstehenden Nachteile durch Vorteile anderer Art ausgeglichen werden. In diese Kategorie gehören nicht zuletzt auch direkte Geldzahlungen des Vorhabenträgers als "Entschädigung" für nachteilig betroffene Anwohner oder Gemeinden.

Derartige Kompensationsleistungen, insbesondere Geldzahlungen, haben im Zusammenhang mit Ansiedlungsprojekten keinen guten Ruf. Schwimmbäder waren Ende der 60er und Anfang der 70er Jahre das Synonym für eine Ansiedlungspolitik, die Gemeinden bestimmte Infrastrukturmaßnahmen als Gegenleistung für die Befürwortung der Ansiedlung eines umweltbelastenden Großvorhabens zukommen ließ:

Hier der Industriebonze mit der dicken Geldscheintasche, dort der kurzsichtige Dorfbürgermeister, der der Gemeinde ein riesiges Problem für Jahre ins Haus bringen und dafür lediglich ein Taschengeld erhalten konnte. Nicht jede Geldleistung im Zusammenhang mit Ansiedlungskonflikten muß aber als korruptionsverdächtiger Abkauf von Umweltstandards dastehen.

Entscheidend ist die Qualität des Vorhabens. Geht es in dem Konflikt um ein ohnehin nicht zulassungsfähiges Objekt, so darf es auch nicht gegen Kompensationsleistungen zugelassen werden. Hier können auch Verhandlungstische nichts mehr ausrichten. Der Anwendungsbereich für Kompensationsleistungen darf erst dort beginnen, wo bereits alle Sachkompromißmöglichkeiten ausgeschöpft sind, aber trotzdem ein weitergehender Ausgleichsbedarf besteht. Dies soll im folgenden erläutert werden:

Nach unserem Verständnis liegt ein besonderer Vorteil des Mediationverfahrens darin, eine höchstmögliche Bündelung von Sachverständigenprüfung und multipolarer Erörterung eines Vorhabens zu erlangen, so daß Mediation und optimale Vorhabenplanung als Synonym verstanden werden können. Optimale Vorhabenplanung wird aber in einer Vielzahl von Fällen nicht heißen können, auf das Vorhaben zu verzichten.

Industrieunternehmen sind nicht per se entbehrlich, auch wenn man sie nicht gerne in seiner Umgebung hat. Genausowenig kann beispielsweise das Verschiebespiel mit Abfallentsorgungsanlagen ohne Ende fortgesetzt werden. Wir setzen also voraus, daß ein Standortauswahlverfahren unter Berücksichtigung aller Kriterien der Umwelt- und Sozialverträglichkeit die Eignung eines bestimmten Standorts erbracht hat.

Zu einem späteren Zeitpunkt wird man sich in der Standortgemeinde die Frage stellen, ob man trotz eines im wesentlichen nicht angreifbaren Standortauswahlverfahrens weiterhin gegen das Projekt opponieren soll, um es möglicherweise noch auf dem Felde der politischen Meinungsbildung zu kippen. Wir unterstellen, daß auch dies nur schwerlich erreichbar sein wird. In dieser Situation muß sich die Standortgemeinde, wie auch jede Nachbarinitiative in vergleichbarer Situation, der Frage annehmen, ob es nicht einen Punkt gibt, an dem man schweren Herzens die für einen breiteren Kreis der Bevölkerung notwendige Rolle akzeptiert, Standortgemeinde für ein bestimmtes Vorhaben oder Unternehmen sein zu müssen. Ohne sich vorzeitig "geschlagen" zu geben – weil dann keine Verhandlungsmacht mehr in den Mediationprozeß eingebracht werden könnte –, sollte sich die Standortgemeinde oder Nachbarschaftsinitiative fragen, welche Kompensationsleistungen man für die "Opferrolle" verlangen kann.

Dabei kommen wir zunächst auf den Ausgangspunkt unserer Überlegungen zu Kompensationen durch finanzielle Leistungen zurück: Mediation und optimale Vorhabenplanung als Synonym. Es ist also zu unterstellen, daß am Verhandlungstisch ein sehr gutes Verhandlungspaket geschnürt wird, in dem weitreichende Vermeidungs- und Ausgleichsmaßnahmen im Bereich der Umweltauswirkungen, aber auch in bezug auf die Sozialverträglichkeit des Projektes vorgesehen werden. Nun kann sich aber gleichwohl die Frage stellen, ob nicht auch Geldzahlungen oder geldwerte Leistungen als Kompensation für eine übermäßige Belastung von Standortbetroffenen als legitim angesehen werden können.

Die Erörterung von Geld oder geldwerten Leistungen als Kompensationsmittel setzt also voraus:

1. Die ausgehandelte Vorhabenkonzeption unterschreitet keine Umweltstandards, sondern kann für sich beanspruchen, ein Optimum an Umweltschutz zu erreichen.

2. Die Verhandlungslösung sieht weitreichende Schutz-, Ausgleichs- und Ersatzmaßnahmen im Bereich des Umweltschutzes und der Sozialverträglichkeit des Vorhabens vor.

3. Die Standortbetroffenen oder die Standortgemeinde als Gesamtheit müssen dennoch im Vergleich zu anderen Gruppen oder Gemeinden ein Übermaß an Belastungen ertragen, das man als "Sonderopfer" für die Region oder Allgemeinheit bezeichnen kann.

Wir wollen nicht, daß den Betroffenen ein paar Mark dafür gezahlt werden, daß auf teurere Umwelttechnologie, die vielleicht zwar nicht rechtlich durchsetzbar, aber gleichwohl geboten erscheint, verzichtet wird. Wir wollen auch das Prinzip nicht ausgehebelt sehen, daß Kompensationsmaßnahmen nur für diejenigen Bereiche zweckgebunden eingesetzt werden sollen, die von dem Vorhaben negativ betroffen sind. Am Verhandlungstisch können – wie gezeigt – noch weitere vielfältige Maßnahmen im Bereich des Umweltschutzes ausgehandelt werden. Es kann aber ein Punkt erreicht sein, an dem Umweltschutzmaßnahmen nicht mehr geeignet sind, die übermäßige Belastung der Standortbetroffenen genügend auszugleichen. Was nützt einer kleinen Standortgemeinde das dritte Feuchtbiotop, wenn daneben gemeindliche Einrichtungen dringend finanzieller Zuwendungen bedürften, um ihrer Funktion weiter gerecht werden zu können?

Nach unserem Verständnis gibt es also einen "Weg zurück zum Schwimmbad", aber nur bei Vorliegen einer erwiesenermaßen optimalen Anlagen- und Umfeldkonzeption. Kompensation durch geldwerte Leistungen kann nach unserem Verständnis also nicht an die Stelle gebotener Vermeidungs- sowie Ausgleichs- und Ersatzmaßnahmen treten. Sie kann nur dort neben solchen Maßnahmen erfolgen, wo der "bloße" Umweltschutz nicht geeignet ist, eine Belastung, die im Interesse einer größeren Gemeinschaft hingenommen werden muß, auszugleichen.

5. Anforderungen an die Person des Mediators

Zunächst einmal gilt selbstverständlich, daß als Mediator nur eine Person geeignet ist, an deren Neutralität und Unabhängigkeit keine Zweifel bestehen. Wir haben bereits angedeutet, daß die Finanzierung des Mediationprozesses in diesem Zusammenhang keine unlösbaren Probleme aufwerfen dürfte. Der Mediationprozeß verträgt keine einseitige Beeinflussung durch einen interessengeleiteten "Konfliktmittler". Im Falle einer einseitigen Parteinahme durch den Mediator dürfte das Verfahren deswegen sehr schnell scheitern.

Unter dem Gesichtspunkt der Neutralität und Unabhängigkeit dürfte denn auch weniger die Finanzierung nach dem Motto "wes Brot ich eß, des Lied ich sing" Auswahlprobleme aufwerfen. Wichtiger ist, daß von vornherein für eine eindeutige Rollenbestimmung des Mediators gesorgt wird. Er muß Verfahrensmittler sein, d. h. er darf keine dem Verfahren vorgelagerten Interessen verfolgen, wenn man von dem Ziel der Konsensfindung einmal absieht. Er darf also keine Vorlieben für die Positionen der einen oder anderen Partei hegen, sondern hat sich an den Interessen und Forderungen der verschiedenen Beteiligten gleichgewichtig zu orientieren. Die Rolle des Mediators hat sich klar von der eines Beraters des Vorhabenträgers zu unterscheiden, der mit dem Ziel antritt, eine möglichst weitgehende, wenn auch dem Umfeld angepaßte Vorhabenverwirklichung unter dem Schlagwort der "Akzeptanzförderung" durchzusetzen.

5.1 Persönlichkeit und Ausstrahlung

Eine Person, die erfolgreich zwischen den divergierenden Interessen vermitteln soll, muß Autorität und Durchsetzungskraft mitbringen, um nicht in den Sog der Streitigkeiten hineingezogen zu werden. In der Bundesrepublik gibt es seit Jahren entsprechende Erfahrungen im Bereich der Schlichtungsverhandlungen zwischen den Tarifparteien. Unsere Frau oder unseren Mann darf also so schnell nichts umwerfen. Die Person muß vielmehr die Gewähr dafür bieten, Überzeugungsarbeit in einem Bereich leisten zu können, der sich in der Bundesrepublik noch als Neuland darstellt. Im Verlauf der Verhandlungen muß sie/er in der Lage sein, die Parteien immer wieder auf die Eckpunkte eines konsensualen Aushandlungsprozesses zurückzuführen.

5.2 Einmischung

Gebraucht wird aber auch nicht lediglich der "große Vorsitzende", der mit "pastoraler Distanz" den Aushandlungsprozeß an sich vorüberziehen läßt. Wir haben an den entscheidenden Stellen in der bisherigen Darstellung immer wieder auf die besondere Verantwortung des Konfliktmittlers hingewiesen, wenn es darum geht, die Bedingungen gleichberechtigter Verhandlungen in den verschiedenen Phasen immer wieder neu herzustellen. Deshalb muß der Mediator aktiv "mitmischen". Er muß dabei mitwirken, Positionen und Interessen unterscheidbar zu machen. Zu seinen Aufgaben zählt es, festgefahrene Verhandlungssituationen wieder aufzulösen. Dazu muß er vor allem viel Geschick bei der Konsenssuche zeigen, und er muß bei dem Schnüren von Verhandlungspaketen – soweit erforderlich – mit eigenen Vorschlägen die konsensuale Konfliktlösung mit herbeiführen.

5.3 Qualifikationen

In den USA findet man verschiedentlich die Position, der Mediator bräuchte keine ausgewiesenen Kenntnisse in dem Sachgebiet, in dem der zu vermittelnde Konflikt angesiedelt ist. Es könne schaden, wenn sich die Erfahrungen und Kenntnisse des Mediators mit denen der Konfliktparteien vermischten, da es ihm so nicht gut genug gelingen könne, sich von bestimmten Konfliktpositionen zu lösen und die erforderliche Bewegung im Prozeß zu erhalten. Nach diesen Vorstellungen reduziert sich die Funktion des Mediators im wesentlichen auf kommunikative Fähigkeiten bei der Gestaltung und Moderation des Gruppen- und Aushandlungsprozesses.

Aus unserer Sicht kann dieses Qualifikationsprofil nicht überzeugen. Das beginnt damit, daß kommunikative Fähigkeiten und Gruppendynamik in der Bundesrepublik nicht die Anerkennung genießen, die ihnen im amerikanischen Raum zukommt. Dem Vorschlag, einen Mediationprozeß zu initiieren, wird sicherlich an der einen oder anderen Stelle polemisch entgegnet – etwa nach dem Motto: "Wir sind erwachsene Männer und können uns mit Sachargumenten auseinandersetzen, ohne Händchenhalten am Verhandlungstisch". Sicherlich kann ein modernes Konfliktlösungsmodell nicht in allen Einzelheiten auf "inflexible Hinterwäldler" zugeschnitten werden. Andererseits wäre es mehr als unklug, unnötige Widerstände zu provozieren.

Kommunikative Fähigkeiten sind nach unserer Auffassung wichtig, aber nicht ausreichend, um zu einer erfolgreichen Verhandlungslösung zu kommen.

In zwei Richtungen bedarf es zusätzlich fundierter Fachkenntnisse im einschlägigen Aufgabengebiet: Einmal wird der wiederholt anzutreffenden Abwehrposition zu begegnen sein, diese und jene Lösung verbiete sich, weil sie technisch nicht machbar oder rechtlich nicht zulässig sei. Zum anderen muß die Verhandlungsrunde davor bewahrt werden, sich in Lösungskonzepte zu versteigen, deren Realisierung beim besten Willen an technische oder rechtliche Grenzen stößt. Ein gewisses Maß an Verständnis und Kenntnissen in naturwissenschaftlich-technischen und rechtlichen Bereichen erscheint deshalb unverzichtbar. Aber die Auswahl ist nicht leicht, denn auf der anderen Seite scheidet ein typischer Naturwissenschaftler, der sich schwertut, Argumentationsgängen außerhalb technisch-mathematischer Ableitungen zugänglich zu sein, ebenso aus wie der typische Verwaltungsjurist, dem der Ruf nachhängt, die Welt nur als ungeheuerliche Ansammlung potentieller Regelverstöße wahrnehmen zu können.

5.4 Team als Vervollständigung

Es wird nicht immer möglich sein, eine "ideale" Person für den Konfliktfall zu finden, die sämtliche verschiedene Anforderungen auf sich vereinen kann. Deshalb empfiehlt es sich, insbesondere bei größeren Verhandlungsverfahren, ein Team zu installieren, das die Mediatoraufgabe gemeinsam wahrnimmt. Damit ist die Möglichkeit gewonnen, die verschiedenen Qualifikationsanforderungen, die für erheblich erachtet werden, durch eine gezielte Zusammensetzung eines kleinen Teams zu erlangen.

6. Die Verbindlichkeit des Aushandlungsergebnisses

6.1 Mediation und förmliches Verfahren

Anlaß für die Einleitung eines Mediationverfahrens ist zumeist eine anstehende Verwaltungsentscheidung. Deshalb kann Mediation nicht losgelöst vom Verwaltungsverfahren betrachtet werden. Andererseits dürfen der Aushandlungsprozeß und das förmliche Verwaltungsverfahren unseres Erachtens nicht zu stark aneinander gebunden werden. Sonst würde einerseits die Flexibilität des Aushandlungsprozesses gefährdet, andererseits könnten sich auch Probleme hinsichtlich der verfassungsrechtlich gebotenen Unabhängigkeit und Rechtsbindung der Verwaltungsentscheidung stellen.

Aushandlungsverfahren sind zunächst **außerhalb** förmlicher Verwaltungsverfahren denkbar, indem sie der informellen Vorbereitung von Verwaltungentscheidungen dienen. Rechtsdogmatisch sind die in diesem praktisch-technischen Sinne außerhalb des Verwaltungsverfahrens stattfindenden Aushandlungsprozesse gleichwohl als Teil des Verwaltungsverfahrens im Sinne von § 9 VwVfG zu betrachten (vgl. dazu Holznagel, Konfliktlösung durch Verhandlungen, S. 199 ff.). Als solche können sie zeitlich vor der Einleitung förmlicher Verfahrensschritte (z. B. vor Einreichung des Zulassungsantrages) stattfinden, aber auch während des laufenden behördlichen Verfahrens, den Entscheidungsfindungsprozeß der Behörde begleitend.

Soweit bei derartigen Vorgehensweisen die gesetzlich vorgeschriebenen Schritte des förmlichen Verwaltungsverfahrens nicht beschnitten werden, bestehen an der rechtlichen Zulässigkeit keine Zweifel. Dies gilt unabhängig von der Art der jeweilig anstehenden Verwaltungsentscheidung, also sowohl für die sogenannten gebundenen Entscheidungen als auch für den Planfeststellungsbeschluß oder sonstige Planungs- bzw. Ermessensakte.

Vorstellbar, verschiedentlich gefordert und nun auch in den Entwurf des neuen Umweltgesetzbuches aufgenommen ist die weitergehende Vorstellung, Mediation direkt ins Verwaltungsverfahren zu **integrieren**. Insbesondere wird vorgeschlagen, dem Konfliktmittler innerhalb förmlicher Anhörungsverfahren (beispielsweise nach Planfeststellungs- oder Immissionsschutzrecht) die Aufgabe zu geben, den Erörterungstermin vorzubereiten und mit dem Ziel einer Konsenslösung zwischen den Beteiligten zu leiten. Auf diese Weise könnte die weit verbreitete Kritik aufgenommen werden, der behördliche Leiter des Erörterungstermins nehme in der bisherigen Praxis häufig nicht die gesetzlich vorgesehene neutrale Rolle ein, sondern wirke mit dem Antragsteller zusammen und verteidige das Vorhaben. Ein von allen Beteiligten akzeptierter Konfliktmittler soll der geforderten neutralen Stellung eher gerecht werden können.

Die Einsatzmöglichkeiten des Konfliktmittlers sind allerdings nach der gegenwärtigen Rechtslage begrenzt. So können ihm keine hoheitlichen Befugnisse – wie die Ausübung des Hausrechts, die Leitung des Erörterungstermins etc. – übertragen werden. Zwar enthält das Verwaltungsverfahrensgesetz kein ausdrückliches Gebot, daß der Verhandlungsleiter ein Bediensteter der Anhörungsbehörde sein muß. Bei der Wahrnehmung hoheitlicher Aufgaben würde der Mittler aber zu einer Art Beliehenem. Hierfür bedürfte es, da es sich bei der Übertragung von hoheitlichen Aufgaben an Private um im wesentlichen organisationsrechtliche Entscheidungen handelt, einer gesetzlichen Grundlage. Den Vorschriften über den Erörterungstermin kann eine solche Ermächtigung jedoch nicht entnommen werden. Es besteht daher nur die Möglichkeit, daß der zuständige Verhandlungsleiter den Konfliktmittler um Mithilfe bei der Durchführung des Erörterungstermins bittet. Unter diesen einschränkenden Voraussetzungen dürfte ein in das Erörterungsverfahren eingebundener Mediator kaum die hochgesteckten Ziele einer tragfähigen Konsenslösung erreichen können. Vielversprechender erscheint die Initiierung eines außerhalb des Verwaltungsverfahrens stattfindenden Mediationprozesses.

Aber auch aus konzeptioneller Sicht sollte das Mediationkonzept nicht in dem Sinne verkürzt werden, daß lediglich der Konfliktmittler als Leiter des Erörterungstermins ins förmliche Verfahren integriert wird. Für sich genommen ist der Vorschlag einer entsprechenden gesetzlichen Neuregelung keineswegs uninteressant. Er dürfte zur Verbreitung des Mediationgedankens maßgeblich beitragen und stellt auch eine denkbare Perspektive dar.

Es muß jedoch davor gewarnt werden, das Mediationkonzept durch eine derartige Gesetzesregelung als aufgenommen und erfüllt anzusehen. Die Anziehungskraft der Mediationidee liegt auch und vor allem darin, daß sich die Teilnehmer **unbefangen** an den Verhandlungstisch setzen können, weil dem Aushandlungsprozeß für das Verwaltungsverfahren **keine** verbindliche oder in irgendeiner Weise präjudizierende Bedeutung zukommt. Dementsprechend muß auch viel Wert auf die Unabhängigkeit des Konfliktmittlers als Person gelegt werden, damit dessen Aktionsradius nicht unnötig eingeengt wird.

Solange es in Deutschland an einem ausreichenden Erfahrungsschatz mit Mediationversuchen fehlt, sollte deshalb nicht vorschnell auf eine Integration des Mediators ins förmliche Verfahren orientiert werden. Gegenwärtig kommt es darauf an, mit dem Aushandlungsverfahren zu experimentieren und in der Praxis Erfahrungen zu sammeln, auch um eine konkrete Perspektive von Mediation im deutschen Recht herauszuarbeiten.

Werden die Aushandlungsprozesse außerhalb des förmlichen Verfahrens angesiedelt, sollen sie also dieses lediglich begleiten und unterstützen, geht auch die verschiedentlich geäußerte juristische Kritik an der Mediationidee weitgehend ins Leere. Kernpunkt der Kritik ist das folgende Argument: Die Verwaltung habe im deutschen Rechtssystem eine starke unabhängige Stellung gegenüber dem jeweiligen Antragssteller und den Betroffenen, weil sie verpflichtet sei, ihre Entscheidung im Interesse des "Allgemeinwohls" zu fällen. Dies gelte auch für die gebundenen Entscheidungen, bei denen sich der Gesichtspunkt des Allgemeinwohls in den jeweiligen gesetzlichen Voraussetzungen widerspiegelt. Deshalb könne die Entscheidung nicht auf verwaltungsunabhängige Aushandlungsinstitute delegiert werden. Die Verwaltung könne aus ihrer Verantwortung für das Allgemeinwohl nicht entlassen werden. Sie dürfe ihre gesetzlichen Einflußmöglichkeiten nicht zum Tauschobjekt innerhalb von Aushandlungsprozessen instrumentalisieren lassen. Darüber hinaus sei sie verpflichtet, auch die in einem von Partikularinteressen geprägten Aushandlungsprozeß nicht repräsentierten Interessen in ihrer Entscheidung zu berücksichtigen (zusammenfassend Brohm, DVBl. 1990, 321 ff).

Die Kritik spricht unserer Auffassung nach weniger gegen Mediation an sich als gegen über das eigentliche Mediationkonzept hinausgehende Versuche, an die Verhandlungspartner Entscheidungsbefugnisse zu delegieren, die nach der bisherigen Rechtslage allein der Verwaltung zustehen. Es ist jedoch nicht Ziel des Mediationkonzepts, dem Aushandlungsprozeß Letztentscheidungsbefugnisse zuzuweisen. Eine Delegation von Entscheidungsmacht der Verwaltung auf außerbehördliche Institutionen ist weder verfassungsrechtlich zulässig noch sinnvoll. Nach wie vor muß es den Behörden obliegen, auf der Grundlage der im Verwaltungsverfahren gewonnenen Erkenntnisse ihre Entscheidung zu treffen. Auch um insoweit Rechtsunsicherheit zu vermeiden, sollte auf eine zu starke Verzahnung von Mediation mit dem Verwaltungsverfahren verzichtet und auf Aushandlungen im informellen Verfahren orientiert werden.

Ein Aushandlungsprozeß dürfte auch nur Erfolgsaussichten haben, wenn er sich als neuartiges und eigenständiges Verfahren erweisen kann. Diese Grundbedingung würde verfehlt, wenn er – wie eben ausgeführt – nur als Hilfsfunktion innerhalb des herkömmlichen Verwaltungsverfahrens angesehen wird. Deshalb treten wir für eine starke Trennung von informellem Aushandlungsprozeß und förmlichem Verwaltungsverfahren ein. Dabei soll aber inhaltlich-organisatorisch gewährleistet werden, daß Doppelarbeit vermieden wird.

Der Sinn des Mediationverfahrens liegt u. E. darin, die behördliche Entscheidung durch eine Verhandlungsübereinkunft vorzubereiten, in der die wesentlichen Problempunkte einer nicht nur rechtlich einwandfreien, sondern auch allseits akzpetierten Lösung zugeführt werden. Die Behörde darf und soll den gefundenen Kompromiß nicht einfach unbesehen übernehmen, sondern – insbesondere in Hinblick auf die Berücksichtigung anderweitiger Belange und unter Einhaltung ihrer Planungs- und Ermessensspielräume – genau prüfen, ob sie den Kompromiß zur Grundlage ihrer eigenen Entscheidung machen kann. Anderenfalls bestünde die Gefahr, daß sich die Verhandlungsrunde auf einen Kompromiß einigt, der nicht der Gesetzeslage entspricht.

Eine wesentliche Erleichterung der Verwaltungstätigkeit kann durch die Arbeit am Verhandlungstisch z. B. auf folgende Weise erreicht werden:

– Der Vorhabenträger verändert aufgrund der Verhandlungsergebnisse die Planunterlagen und erklärt sich mit einer Reihe von Schutzauflagen vorab einverstanden.

– Die Einwendungen gegen das Projekt werden eingehend erörtert, in ihrer Bedeutung abgeschichtet und durch die Verhandlungen weitgehend erledigt.

– Die gemeinsame Informationsbeschaffung macht die Nachforderung von Gutachten durch die Verwaltungsbehörde entbehrlich.

– Die vielzähligen Besprechungen zwischen der Zulassungsbehörde, dem Vorhabenträger und den Trägern öffentlicher Belage werden in dem Maße überflüssig, in dem die Anforderungen und Bedenken eine angemessene Berücksichtigung in den Verhandlungen gefunden haben.

Nach unserer idealtypischen Vorstellung von einem mittlergestützten Aushandlungsprozeß sollte dieser bereits ein Ende gefunden haben, wenn der Erörterungstermin im förmlichen Verfahren anberaumt wird. Damit würde der Erörterungstermin zur Auffangveranstaltung für die Einwender, die sich am bereits erfolgreich abgeschlossenen Verhandlungsprozeß nicht beteiligt haben oder sich seinem Ergebnis nicht anschließen wollen.

Die Funktion von Mediation ist in diesem Rahmen darauf gerichtet, das Verwaltungsverfahren zu ergänzen, zu erleichtern und zu beschleunigen. Wir meinen weiter, daß ein früh genug einsetzender und auch im übrigen funktionierender Mediationprozeß für die Verwaltung eine große Hilfe sein kann, weil jedenfalls bezüglich der wesentlichen Konfliktlinien entscheidende Vorarbeiten durch die Aushandlung geleistet werden können.

Andererseits ist sicherlich nicht von der Hand zu weisen, daß ein Mediationverfahren auch zu Mehrarbeit führen kann, insbesondere wenn es nicht gelingen sollte, einen akzeptierten Kompromiß zu finden. Doch selbst in diesem ungünstigen Fall dürften die Erkenntnisse, die die Behörde aus dem Aushandlungsprozeß gewonnen hat, für ihre Entscheidung keineswegs nutzlos sein. Von daher muß der Auffassung entgegengetreten werden, Aushandlungsprozesse führten im Regelfall zu Doppelarbeit der Behörden. Eine derartige Sichtweise dürfte mehr Ausdruck von übertriebener Ängstlichkeit vor Veränderung sein als eine realistische Einschätzung. Sie unterschätzt insbesondere den Beschleunigungseffekt, den eine qualitativ gute Vorabklärung für die Entscheidungsfindung der Behörde und für die Verminderung der Risiken späterer gerichtlicher Auseinandersetzungen haben kann.

Die Chancen, mit Mediation zu besseren und schnelleren Entscheidungen zu gelangen, liegen so gesehen in dem – aufeinander bezogenen – Zusammenspiel von Aushandlung und Verwaltungsverfahren. Nur bei einer zu starken Verzahnung von Mediation mit dem förmlichen Verfahren würden die von den Kritikern hervorgehobenen Rechtsprobleme aufgeworfen. Beide Verfahrenstypen sind für das Auffinden ausgewogener Entscheidungsmöglichkeiten von großer Bedeutung. Sie können und sollen sich gegenseitig ergänzen, aber es sollte nicht versucht werden, das eine Verfahren durch das andere zu ersetzen.

6.2 Rechtliche Absicherung des Verhandlungsergebnisses

Zu den wesentlichen Voraussetzungen für die Aufnahme von Verhandlungen gehört die Aussicht, mit einer Realisierung der abschließenden Vereinbarung rechnen zu können. Insbesondere ein Vorhabenträger bzw. Antragsteller wird sich nur dann an Verhandlungen beteiligen wollen und zu Zugeständnissen bereit sein, wenn er relativ sicher sein kann, daß die Behörde nicht bzw. jedenfalls nicht in den entscheidenden Punkten von den Verhandlungsergebnissen abweicht. Aber auch die übrigen Beteiligten dürften daran interessiert sein, die Verhandlungen nicht ohne verbindliches Ergebnis enden zu lassen.

Ein Höchstmaß an Verbindlichkeit läßt sich durch vertragliche Abmachungen zwischen den Beteiligten erreichen, wobei zu beachten ist, daß nach der gegenwärtigen Rechtslage nicht alle gewünschten Vereinbarungen unmittelbar vertraglich geregelt werden können. Probleme ergeben sich vor allem hinsichtlich der Möglichkeiten, die Behörden an das Verhandlungergebnis zu binden. Deshalb stellt sich insoweit weitergehend die Frage, auf welche Weise im Zweifelsfall auch ohne Vertrag dafür gesorgt werden kann, daß die Verhandlungen trotz des Aufwands schließlich "für die Katz" waren.

Verhältnismäßig einfach ist das Verhältnis zwischen dem Vorhabenträger einserseits und den Betroffenen andererseits zu beurteilen. Hier gibt es keine grundsätzlichen rechtlichen Hindernisse, – privatrechtlich ausgestaltete – Verträge zu schließen. Inhaltlich dürften diese Vereinbarungen im wesentlichen so aussehen, daß der Vorhabenträger der anderen Partei verbindlich zusichert, die ausgehandelten Bedingungen zu erfüllen bzw. Leistungen zu erbringen, während die andere Seite einen Verzicht auf Rechtsmittel gegen die Zulassungsentscheidung erklärt. Die Erteilung des behördlichen Zulassungsbescheids ist zur Geschäftsgrundlage des Vertrages zu erheben bzw. kann auch als Vorbehalt in den Vertrag einbezogen werden.

Hinsichtlich des möglichen Rechtsmittelverzichts ist klarzustellen, daß mögliche Streitigkeiten über die Vertragserfüllung trotz des festgelegten Rechtsmittelverzichts justitiabel bleiben. Sie sind vor den Zivilgerichten auszutragen.

Denkbar ist auch, daß ein Vorhabenträger versucht, gesetzliche Bestimmungen, wie z. B. umweltrechtliche Mindeststandards, durch die vertragliche Abmachung zu unterlaufen. Dem können die Vertragspartner jedoch vorbeugen, indem sie verlangen, daß die Einhaltung der gesetzlichen Bedingungen nach Art einer Generalklausel in das Vertragswerk aufgenommen werden.

Fraglich ist allerdings, ob sich auch öffentlich-rechtliche Vorhabenträger, z. B. eine Straßenbaubehörde als Antragsteller im Bundesfernstraßenrecht, in dieser Art und Weise binden können. Tatsächlich problematisch ist dies aber nur, wenn der Vorhabenträger mit der Planfeststellungsbehörde identisch sein sollte, wie es z. B. bei der Bundesbahn und der Bundeswasserstraßenverwaltung der Fall ist. Hier stellen sich – mit einigen Besonderheiten, die hier nicht erörtert werden können – die gleichen Probleme wie im Verhältnis zwischen Vorhabenträger und Behörde, das sogleich erörtert wird. Im übrigen ist auch ein öffentlich-rechtlicher Vorhabenträger bzw. ein von der öffentlichen Hand beherrschtes Unternehmen grundsätzlich frei, Vertragsvereinbarungen mit privaten Dritten zu treffen, da er insoweit nicht hoheitlich handelt.

Erheblich mehr Schwierigkeiten hinsichtlich der rechtlichen Zulässigkeit besteht für Vertragsregelungen zwischen **Vorhabenträger** und **Zulassungsbehörden**. Insoweit ist zu differenzieren: Wird ein Mediationverfahren aus Anlaß einer bevorstehenden **Genehmigungentscheidung** durchgeführt, so kann die Behörde anstelle des Verwaltungsakts auch einen öffentlich-rechtlichen Vertrag (§ 54 Satz 2, 56 VwVfG) schließen, in welchem sie die gewünschte Zulassung erteilt bzw. verspricht und der Vorhabenträger sich als Gegenleistung zur Erfüllung der vereinbarten Bedingungen verpflichtet. Wird durch das Vorhaben in Rechte Dritter eingegriffen, so ist gemäß § 58 VwVfG deren Zustimmung einzuholen. Im übrigen richtet sich die Zulässigkeit nach den §§ 56 ff. VwVfG. Prinzipielle rechtliche Probleme ergeben sich damit nicht.

Ist Anlaß des Aushandlungsprozesses jedoch ein bevorstehender **Planfeststellungsbeschluß**, so ist es der Zulassungsbehörde weder gestattet, einen öffentlich-rechtlichen Vertrag anstelle des Verwaltungsakts zu setzen, noch ist es ihr erlaubt, sich zur Erteilung des Verwaltungsakts zu verpflichten.

Die Erteilung eines Planfeststellungsbeschlusses durch einen Verfügungsvertrag wäre unwirksam, weil für die Planfeststellung ausschließlich der Verwaltungsakt als Handlungsform der Behörden vorgesehen ist. Ein Verpflichtungsvertrag auf einen späteren Erlaß des

Planfeststellungsbeschlusses würde wegen der hiervon ausgehenden abwägungsdeterminierenden Wirkung ebenfalls unzulässig sein.

Als rechtlich zulässig ist allenfalls eine faktische Vorausbindung der Behörde denkbar, die in Gestalt einer internen verbindlichen Vorentscheidung – auch über Teilaspekte – fixiert werden kann. Das setzt jedoch nach den Kriterien der sog. Flachglasentscheidung des Bundesverwaltungsgerichts voraus, daß diese nicht nur unter Wahrung der planungsrechtlichen Zuständigkeitsordnung getroffen und hinsichtlich einer gerechten Abwägung bei der Vorentscheidung nicht zu beanstanden ist, sondern auch daß sie sachlich gerechtfertigt sein muß, also ein besonderer Grund für das Abweichen vom üblichen Verfahren vorliegen muß (vgl. BVerwGE 45, S. 309 ff).

Zwar sprechen viele Argumente dafür, diese Voraussetzungen für den Fall von Mediationverfahren regelmäßig als erfüllt anzusehen (eingehend Holznagel, Konfliktlösung durch Verhandlungen, S. 214 ff). Aber wir halten es nicht für sinnvoll, die Versuche mit Mediationverfahren insoweit rechtlichen Risiken auszusetzen, die in der Sache nicht erforderlich sind. Unsicherheiten im Hinblick auf die Zulässigkeit der auszuhandelnden Verträge dürften für die Produktivität des Aushandlungsprozesses schädlicher sein als ein Verzicht auf Verträge zwischen dem Vorhabenträger und der Zulassungsbehörde. Dies gilt erst recht, da es unseres Erachtens genügend andere Möglichkeiten gibt, für die Umsetzung der Übereinkünfte Sorge zu tragen.

Die entscheidende Basis dafür, daß die Behörde eine Entscheidung im Sinne der Verhandlungsübereinkunft treffen wird, ist das behördliche Engagement in den Verhandlungen. Wenn es gelingt, die Behördenvertreter in den Aushandlungsprozeß als aktive Teilnehmer einzubeziehen, die ihr Fachwissen und ihre Bedenken von vornherein in den Diskussionsprozeß einbringen und die sich auch in der Erörterung möglicher Lösungen nicht zurückhalten, so wird es in den meisten Fällen gar nicht notwendig sein, daß die Behördenvertreter zum Abschluß einen Vertrag unterzeichnen. Unter diesen Umständen besteht eine gute Chance, daß sie später unter Berücksichtigung auch weiterer Erkenntnisse aus dem Verwaltungsverfahren und den Stellungnahmen der Träger öffentlicher Belange eine Planungsentscheidung im Sinne des Verhandlungsergebnisses treffen.

Die Behörden werden schon aus sachlichen Gründen gut beraten sein, die Verhandlungsübereinkunft zur Grundlage ihrer Entscheidung zu machen. Vorausgesetzt, es hat zuvor einen wirklich fairen Aushandlungsprozeß gegeben, steht zu erwarten, daß die Qualität des Ergebnisses keinerlei planungsrechtlichen Bedenken begegnet. Von daher dürfte die Behörde es nicht leicht haben, eine wesentliche Abweichung von der Übereinkunft zu begründen. Etwas anderes gilt selbstverständlich, wenn sich die Verhandlungsübereinkunft aufgrund späterer behördlicher Erkenntnisse als rechtlich nicht tragfähig erweisen sollte. Für diesen Fall sollte jedoch von vornherein vereinbart werden, daß das Aushandlungsgremium erneut einzuberufen ist. Die Behörde kann dann ihre Abweichung erläutern. In einem derartigen Fall könnten und sollten Nachverhandlungen angesetzt werden.

Zudem ist zu betonen, daß es für viele im Rahmen der Verhandlungen auftauchenden Einzelfragen keiner Festlegung in einem Vertrag bedarf, weil die jeweiligen Zwischenentscheidungen für den Fortgang des Entscheidungsprozesses und der Verhandlungen notwendige Voraussetzung sind. Dies betrifft beispielsweise die Standortentscheidung des Vorhabenträgers im abfallrechtlichen Planfeststellungsverfahren, die dieser zur Grundlage seines Antrags auf Planfeststellung macht.

Sollten die Aussichten auf eine Realisierung des Projektes im Sinne des Verhandlungsergebnisses dem Vorhabenträger trotz dieser Umstände als zu unverbindlich erscheinen, so müssen Überlegungen angestellt werden, auf welche Weise es möglich ist, unterhalb der Ebene vertraglicher Festlegungen zu einer erhöhten Wahrscheinlichkeit der Projektrealisierung zu kommen. Dabei sind stets die Grundsätze der Flachglasentscheidung des Bundesverwaltungsgerichts zu beachten. Denkbar ist beispielsweise, daß die Behörde eine protokollarische Übereinkunft unterschreibt, die nicht endgültig bindend ist, sondern unter den Vorbehalt einer Abweichung aus Rechts- bzw. Abwägungsgründen gestellt wird. Innerhalb dieses Rahmens kann sie auch ihre Bereitschaft zu erkennen geben, die ihr bei der Planfeststellung zur Verfügung stehenden Entscheidungsspielräume im Sinne der Verhandlungslösung auzuschöpfen. Festgelegt werden kann auch die Pflicht zur Begründung von Abweichungen vor dem Mediationgremium und die Wiederaufnahme des Verhandlungsverfahrens.

Eine weitere Möglichkeit, die Verbindlichkeit des Aushandlungsergebnisses zu erhöhen, ergibt sich für den Vorhabenträger daraus, daß er schon vorab den Verzicht auf Rechtsmittel gegen bestimmte Auflagen für den Fall erklären kann, daß die Behörde eine Entscheidung im Sinne des Verhandlungsergebnisses fällt.

Abschließend soll jedoch nochmals hervorgehoben werden, daß die Realisierungschancen für das jeweilige Projekt letztlich mit der Qualität der Verhandlungsübereinkunft stehen und fallen. Ist ein ausgewogenes Ergebnis erarbeitet worden, das auch dem Konfliktbewältigungsgebot des Planfeststellungsrechts Genüge tut, so erscheint es sehr unwahrscheinlich, daß sich eine Behörde dennoch gegen dieses Ergebnis wendet. Zudem kann ein hohes Maß an Sicherheit für den Vorhabenträger bereits durch die Vereinbarung zwischen ihm und den privaten Verhandlungspartnern erreicht werden. Dies vorausgesetzt, wird die Unterzeichnung der Übereinkunft durch die Behörde zwar nicht bedeutunglos, aber jedenfalls deutlich relativiert.

6.3 Verhältnis des Verhandlungsergebnisses zum gerichtlichen Rechtsschutz

6.3.1 Bedeutung eines Rechtsmittelverzichtes

Manch ein Leser wird sicher soeben aufgehorcht haben, als er von der vertraglichen Festlegung eines Rechtsmittelverzichtes gelesen hat. Auf der Betroffenenseite muß das jedenfalls zu Beginn eines Aushandlungsprozesses als ein sehr hoher, vielleicht zu hoher Preis der Verhandlungen erscheinen, ist doch die Klagemöglichkeit ihre einzige effektive "Waffe" gegenüber dem Vorhabenträger. Umgekehrt dürften Vorhabenträger die Frage aufwerfen, welchen Sinn das kosten- und zeitintensive Aushandlungsverfahren hat, wenn am Ende wieder die langwierigen gerichtlichen Auseinandersetzungen stehen können.

Zunächst ist festzustellen, daß es auch Anwendungsbereiche für Mediation gibt, die in solche Planungs- und Verfahrensstadien eingreifen, die nicht unmittelbar in anfechtbare Verwaltungsentscheidungen münden: Raumordnung, Abfallentsorgungs- und Flächennutzungspläne, aber auch das Scoping-Verfahren nach § 5 UVPG.

Aber selbstverständlich soll Mediation auch gerade in den Konfliktfeldern Anwendung finden, in denen abschließende Entscheidungen solcher Art fallen, wie sie in der Vergangenheit die beschriebenen Auseinandersetzungen bis hin zu Gerichtsverfahren heraufbeschworen haben.

Die Aussicht auf den möglichen Verlust des Druckmittels einer Klage sollte die Betroffenen keinesfalls von vornherein abschrecken. Die mögliche Verpflichtung auf ein Verhandlungsergebnis steht nicht am Anfang, sondern am Ende des Aushandlungsprozesses. Gewinnen die Beteiligten im Verlauf der Verhandlungen den Eindruck, ihre Belange nicht gleichwertig in den Aushandlungsprozeß einbringen zu können, kann ein Verlassen des Verhandlungstisches sachgerecht sein. Im übrigen ist es Aufgabe des Konfliktmittlers, dafür zu sorgen, daß derartige Situationen erst gar nicht eintreten.

Selbst bei einem förmlichen Rechtsmittelverzicht kann außerdem nicht ohne weiteres davon ausgegangen werden, daß es einen Rechtstreit nicht geben wird. Beispielsweise kann nicht ausgeschlossen werden, daß ein Aushandlungsprozeß eingeleitet worden ist, obwohl nicht sämtliche potentielle Kläger einbezogen werden konnten. Denkbar ist auch immer, daß sich einzelne mit den Verhandlungsergebnissen nicht einverstanden erklären und deshalb einen Rechtsmittelverzicht nicht unterschreiben.

Natürlich müssen größte Anstrengungen darauf verwandt werden, in der Initiierungs- und Vorbereitungsphase dafür Sorge zu tragen, daß möglichst alle Betroffenen in den Verhandlungsprozeß einbezogen werden. Die Abstimmungen zwischen den Verhandlungsführern und ihren Initiativgruppen und vor allem das Verhandlungsergebnis müssen so gut sein, daß sich der Konsens auch den Betroffenen überzeugend vermittelt.

Niemand sollte aber die idealistische Forderung aufstellen, ein Mediationprozeß könne nur erfolgreich abgeschlossen werden, wenn damit jegliche gerichtliche Auseinandersetzung vermieden werden kann. Vielmehr gilt, daß ein erfolgreicher Mediationprozeß die Gefahr eines bedeutsamen Rechtstreites sehr zurückdrängt. Dabei unterstellen wir ein Verhandlungsergebnis, das unter Beteiligung eines weitgezogenen Teilnehmerkreises alle wesentlichen Problempunkte einer Lösung zugeführt hat. Darauf aufbauend muß dann eine förmlich korrekte Verwaltungsentscheidung gefällt worden sein.

So gesehen kommt es entscheidend auf die Qualität des Verhandlungsergebnisses in sachlicher Hinsicht an. Mit ihr steht und fällt die Aussicht auf einen Zeitgewinn, weil sie letztlich vorherbestimmt, wie groß die Chancen einer gerichtlichen Anfechtung sind.

6.3.2 Anordnung der sofortigen Vollziehbarkeit

Es kann davon ausgegangen werden, daß die Behörde auf Grundlage eines solchen Verhandlungsergebnisses eher als in anderen Fällen bereit sein wird, die sofortige Vollziehbarkeit ihrer Entscheidung anzu-

ordnen. Vor allem wird sich aus einem erfolgreichen Aushandlungsprozeß eher eine Rechtfertigung für die Anordnung der sofortigen Vollziehbarkeit ergeben als im Falle eines "schlichten" Verwaltungsverfahrens.

Sollte die sofortige Vollziehbarkeit aufgrund eines Verhandlungsergebnisses im Einzelfall angeordnet werden, so kann der Verwaltungs-
träger auch für den Fall der Einlegung von Rechtsmitteln mit der
Projektverwirklichung beginnen. Das Risiko, letztendlich durch gerichtliche Entscheidung doch noch gestoppt zu werden und "viel
Geld in den Sand gesetzt" zu haben, ist aufgrund der intensiven Erörterung und Prüfung des Vorhabens in den Verhandlungen als äußerst
gering einzuschätzen.

6.3.3 Gerichtliche Überprüfung

Um die Bedeutung von Mediationverfahren zu fördern und den Verhandlungsergebnissen einen hohen Grad an Verbindlichkeit beimes-
sen zu können, ist verschiedentlich diskutiert worden, ob man die gerichtliche Kontrolldichte bei Entscheidungen zurücknehmen sollte,
denen ein Aushandlungsergebnis zugrunde liegt. Nach diesen Vorstellungen würde das Gericht vorrangig die Einhaltung der förmlichen
Verfahrensvorschriften beim Aushandlungsprozeß im nachhinein
überprüfen. Bei der materiellen Beurteilung würde sich das Gericht nur
der Frage annehmen, ob es zu offensichtlichen Fehleinschätzungen
gekommen ist. Solche Beschränkung der gerichtlichen Kontrolle im
herkömmlichen Verwaltungsprozeß sind bei sogenannten Beurteilungsspielräumen der Verwaltung oder bei bestimmten planerischen
Abwägungsentscheidungen üblich.

Derartige Einschränkungen der gerichtlichen Kontrolldichte würden
aber weitreichende gesetzliche Verfahrensvorschriften für Mediation
voraussetzen, da es nur dann gerechtfertigt wäre, eine "ausgehandelte" Verwaltungsentscheidung gerichtlich anders zu beurteilen als eine
Entscheidung der Verwaltung, die im herkömmlichen Verwaltungsverfahren getroffen worden ist. Eben diesen hohen Grad an förmlichen
Vorgaben soll es aber für das Mediationverfahren nach unserer Auffassung zum jetzigen Zeitpunkt nicht geben, damit ein großes Maß an
einzelfallbezogener Flexibilität bleibt.

Der Umfang der gerichtlichen Überprüfung einer Verwaltungsentscheidung, die auf einen erfolgreichen Mediationprozeß zurückgeht,
bleibt jedenfalls ohne gesetzliche Änderungen unverändert. Aber in

die vorgestellten Überlegungen zu den Bedingungen und Vorteilen eines erfolgreichen Mediationprozesses geht die Prämisse ein, daß die Ergebnisse regelmäßig besser sein dürften als die herkömmlichen Verwaltungsentscheidungen. Damit ist die Gefahr, daß die Zulassungsentscheidung durch eine gerichtliche Entscheidung abgeändert oder aufgehoben wird, als äußerst gering einzustufen. Die Bemühungen im Mediationprozeß sind also zuvorderst auf diesen qualitativen Aspekt auszurichten. Entscheidend ist die repräsentative Beteiligung der Betroffenen, die vollständige Informationsbeschaffung, die intensive Sachverhalts- und Einwendungserörterung sowie die umfassende Problem- und Konfliktlösung.

Wenn dies gelingt und nicht stattdessen das Hauptaugenmerk auf die Vollständigkeit des Teilnehmerkreises, von dem man am Ende einen Rechtsmittelverzicht erwartet, gerichtet wird, dann kann man beruhigt einem gerichtlichen Verfahren entgegensehen, das möglicherweise von einigen wenigen verbleibenden Projektkritikern angestrengt wird.

7. Bewertung aus der Sicht der Beteiligten

7.1 Aus der Sicht der Behörden

7.1.1 Verlassen der bekannten Verwaltungspfade

Für die Behörden ist das Verlassen der ausgetretenen "preußischen Pfade" mit gewissen Unsicherheiten verbunden. Man muß sich die öffentlich-rechtlichen Zulassungsverfahren als streng formalisierte Ablaufmuster vorstellen. Ein Arbeitsschritt greift in den nächsten, und erst am Ende wird der endgültige Verwaltungsakt erlassen. Abweichungen von diesem Muster werden oft als hinderlich betrachtet. Die Behörde muß sich zudem darauf einstellen, daß ihre Verwaltungsakte später einer gerichtlichen Überprüfung unterzogen werden. Auch im Gerichtsverfahren kommt es nicht zuletzt auf die Einhaltung der Verfahrensvorschriften an. Deshalb ist es verständlich, wenn von Behördenseite gegenüber einem Verfahren, mit dem sie noch keinerlei Erfahrungen hat und für das es nur wenige Verhaltensanleitungen gibt, zunächst Vorbehalte geäußert werden.

Dem liegen jedoch grundsätzlich keine unüberwindbaren Probleme zugrunde. Es ist nicht zuletzt Aufgabe dieses Buches, ein wenig dazu beizutragen, den Verwaltungen ihre Unsicherheit zu nehmen, indem hier konkrete Vorgehensmöglichkeiten für Mediation aufgezeigt werden.

7.1.2 Keine einseitigen Absprachen mit dem Antragsteller

Die Unsicherheiten der Verwaltung in verfahrens-, aber auch in materiell-rechtlicher Hinsicht sind mit dafür verantwortlich, daß sie sich in bisher häufig informelle Vorverhandlungen mit dem jeweiligen Antragsteller begibt. Für die Verwaltung hat das den Vorteil, daß sie wesentliche Punkte schon vorab "wasserdicht" machen und so zu einer schnelleren Entscheidung kommen kann. Mediation wird den Behörden die Möglichkeit dieser Art von Vorverhandlungen nehmen, aber zugleich die Möglichkeit neuartiger Vorverhandlungen – nämlich der Einbeziehung weiterer Beteiligter – schaffen. Dem Bestreben der Verwaltung, ihre Entscheidungsprozesse zu vereinfachen und zu beschleunigen, kann dadurch Rechnung getragen werden.

7.1.3 Sachgerechte, ganzheitliche Planungsergebnisse

Aus Behördensicht sollte ein Aspekt bei der Beurteilung von Mediation im Zentrum stehen: Mediation kann die Behörde in die Lage versetzen, Entscheidungen zu treffen, die nicht nur auf dem Papier Recht und Gesetz entsprechen, sondern die besser als bisher die Interessenlage der verschiedenen Beteiligten berücksichtigen. Denn in den Aushandlungsprozessen können alle durch die Entscheidung berührten Interessen wirkungsvoll artikuliert werden. Damit können außerhalb des Verwaltungsverfahrens, aber unter Beteiligung von Verwaltungsvertretern, die vorhandenen Interessenskonflikte aufgearbeitet werden, und die Behörde erhält eine fundierte Entscheidungsgrundlage. Das läßt eine Optimierung der Ergebnisse erwarten.

7.1.4 Wiedererlangung von Unbefangenheit

Die Behörden sehen sich in herkömmlichen Verfahren regelmäßig als Prügelknaben. Chronisch unterbesetzt und dadurch ständig überlastet sollen sie den Kopf hinhalten, wenn nicht alles jedem recht gemacht wird. Die Vorhabenträger beklagen die zögerliche Bearbeitung und die mangelnde Durchsetzungskraft gegenüber den Bürgern. Die Opponenten beklagen die inhaltliche Anlehnung an die Vorstellungen des Vorhabenträgers und die mangelnde Widerstandskraft gegen dessen wirtschaftliche und politische Machtstellung.

Unabhängig davon, wie die Bewertung im einzelnen ausfällt, wird man schwer an der Feststellung vorbeikommen, daß die Planungs- und Zulassungsbehörden in der Bundesrepublik von den Vorhabenträgern regelmäßig einigem Druck ausgesetzt werden. Je bedeutsamer das Projekt ist, desto intensiver wirken sich die Bemühungen der Projektbefürworter aus, die Behördenvertreter für das Vorhaben einzunehmen, was nicht selten zu Konflikten zwischen den Beteiligten führt.

Mediation bietet der Behörde die Möglichkeit, einen Teil der zweiseitigen Auseinandersetzungen mit den Projektträgern zu vermeiden und stattdessen in breiterem Rahmen Planungsdefizite oder Vorhabenauswirkungen zu erörtern. Weil die beteiligten Behörden im informellen Verfahren eine Gruppe unter den verschiedenen Parteien sind, können die Behördenvertreter sehr viel unbelasteter und unbefangener als zuvor ihre Aufgaben zur Wahrung des Wohls der Allgemeinheit erfüllen. Sie können sich auf ihre rechtlich im Vordergrund stehende Funktion konzentrieren, den Antrag zu prüfen, das Abwägungs- und Entscheidungsmaterial zu beurteilen und denjenigen Belangen, die im Aushandlungsprozeß möglicherweise noch zu kurz gekommen sind, die nötige Geltung verschaffen.

Die Behörde kann sich im Mediationverfahren besser der Erwartung erwehren, das Planungs- oder Zulassungsverfahren gegen Widerstände durchzuziehen. Wenn sich ein Vorhaben im Aushandlungsprozeß in der geplanten Weise nicht behaupten kann, muß der Vorhabenträger und nicht die Behörde die Haltung zum Projekt verändern.

Besonderheiten ergeben sich jedoch, wenn Vorhabenträger und Zulassungsbehörde identisch sind bzw. in einem engen funktionalen Zusammenhang stehen. Die Planfeststellungsbehörde hat in diesen Fällen, z. B. im Recht der Verkehrswegeplanung, deshalb eine zweifelhafte Doppelrolle, die nicht selten ursächlich dafür ist, daß einseitige Entscheidungen getroffen werden. Das Moment des Wiedergewinns von Unbefangenheit kann deshalb hier nicht zum Tragen kommen.

Für derartige Fälle ist vielmehr umgekehrt davon auszugehen, daß sich die Behörde verstärkt ihrer Aufgabe als Vorhabenträger widmen kann und muß. Die Aufgabe der Konsensfindung kann jedenfalls insoweit auf den mittlergestützten Aushandlungsprozeß verlagert werden, als es um die Zusammenstellung des Abwägungsmateriales und die Vorbereitung der Abwägung geht. An dem kritikwürdigen Rechtszustand, daß in der Verkehrswegeplanung der Vorhabenträger selbst die Zulassungsentscheidung fällt, ändert sich dadurch natürlich nichts. Dieses Problem kann nur durch gesetzliche Änderungen gelöst werden.

7.1.5 Arbeitserleichterung und Beschleunigung

Es wird nicht vermeidbar sein, daß die Behörden Mediation in der Anfangsphase ihrer Bemühungen als zusätzliche Belastung empfinden, da sie ihre Verhaltensweisen in vielerlei Hinsicht umstellen müssen. Dies darf aber nicht darüber hinwegtäuschen, daß mittlergestützte Verhandlungen Chancen bieten, zu wesentlichen Arbeitserleichterungen für die Zulassungsbehörde zu kommen. Das formelle Planungs- und Zulassungsverfahren wird von den Ergebnissen der Arbeit im Aushandlungsprozeß profitieren können. Ein frühzeitiger Einsatz von Mediation muß deshalb nicht zu Doppelarbeit führen, sondern kann im Gegenteil eine gute Voraussetzung und Ergänzung für eine interessengerechte Abwägung schaffen.

Weiterhin ist zu berücksichtigen, daß die herkömmlichen Zulassungsverfahren nicht gerade den Ruf haben, besonders zügig vonstatten zu gehen. Wie wir bereits eingangs erläutert haben, beruht die Langwierigkeit dieser Verfahren nicht zuletzt darauf, daß von den Beteiligten nicht auf einen Konsens hin orientiert wird, sondern Interessengegensätze unvermittelt aufeinanderprallen und häufig sogar auf bewußte Verzögerungsstrategien gesetzt wird. Gelingt es, diese mißliche Situation aufzubrechen, wird die Arbeit der Behörden erleichtert, und die formellen Verfahren werden sich deutlich beschleunigen lassen.

Darüber hinaus ist ein wesentlicher Beschleunigungseffekt dadurch zu erwarten, daß die Wahrscheinlichkeit langwieriger nachträglicher Gerichtsverfahren reduziert wird. Die Behörden können sich dem Bemühen um materiell ausgewogene Entscheidungen in vollem Umfang anschließen und müssen sich nicht ständig in der Gefahr sehen, wegen irgendeiner Verfahrenskleinigkeit vor Gericht zu scheitern.

7.2 Aus der Sicht des Vorhabenträgers

Auch für den Vorhabenträger läßt sich die Interessenlage holzschnittartig darstellen. Er möchte den behördlichen Segen für sein Vorhaben möglichst kurzfristig erteilt bekommen. Er hat in der Regel kein Interesse an Verfahrenskomplikationen und erst recht nicht an kostentreibenden Auflagen. Diese Interessenlage ist auf den ersten Blick mit dem Wunsch z. B. der Antragsgegner nach Verhandlungen schwer vereinbar. Jeder Verhandlungsprozeß bedingt gewisse Kosten und Zeitaufwendungen für das Verhandeln, die sich aus Sicht des Vorhabenträgers rechnen müssen.

Gleichwohl ist aber zu beobachten, daß es sehr häufig die Antragsteller sind, die sich für Verhandlungsprozesse mit den Betroffenen
interessieren. Hintergrund dieser Einstellung dürften zwei Gesichts-
punkte sein: Die steigenden Realisierungschancen für das Projekt und
die erreichbare Akzeptanz in der Bevölkerung.

7.2.1 Steigende Realisierungschancen

In den Zulassungsverfahren für umweltbedeutsame Anlagen sind sich
die Antragsteller häufig sehr unsicher, ob sie ihr Projekt wie geplant
durchsetzen können, ob es wesentliche Abstriche daran geben muß
oder ob sich das Vorhaben innerhalb eines ökonomisch vertretbaren
Zeitraumes realisieren läßt. Dies gilt auch für das immissionsschutzrechtliche Genehmigungsverfahren. Der Antragsteller überblickt selten im vorhinein, welche Probleme sich im einzelnen ergeben können,
beispielsweise weil die naturwissenschaftliche Seite des Projekts
schwer überschaubar ist.

Planungsprozesse und Zulassungsentscheidungen sollen nicht mehr
länger vorwiegend am Reißbrett der Ingenieure und in den Planungs-
etagen der Vorhabenträger stattfinden, sondern sie haben sich nach
unseren Vorstellungen im offenen Diskurs am runden Tisch zu bewäh-
ren. Hier soll nicht die Qualifikation von Projektentwicklern und Gutachtern in Abrede gestellt, sondern aus Sicht des Vorhabenträgers die
Unsicherheit angetippt werden, inwieweit die naturwissenschaftliche
Rationalität ausreicht, um die Erfolgsaussichten der unangefochtenen
Zulassung eines Projekts zu beurteilen.

Im Begriff "Planfeststellungsverfahren" kumulieren die kollektiven Erfahrungen mit fehlerhaften, kosten- und zeitintensiven sowie nerven-
aufreibenden Planungsprozessen bei umweltbedeutsamen Großvorhaben. In dieser Erfahrung drückt sich unter anderem auch aus, daß
technisch-naturwissenschaftlicher Sachverstand keine hinreichende
Gewähr dafür bietet, daß ein Planungsprozeß ohne größere Friktionen
vonstatten geht. Deshalb sollte man sich von der Vorstellung lösen,
eine gute Planung könne nur Ergebnis immer intensiverer Vorunter-
suchungen, detaillierterer Ausarbeitungen und umfangreicherer Be-
gleitbegutachtungen sein.

Wir gehen davon aus, daß der Weg des Aushandlungsprozesses die
größte Gewähr dafür bietet, daß es zu einem optimalen Interessenausgleich und damit zu einer qualitativ hochwertigen Planung kommt.
Damit steigen für den Vorhabenträger die Chancen der Projektreali-

sierung. Allerdings wird der Vorhabenträger häufig die Bereitschaft zeigen müssen, am Verhandlungstisch Zugeständnisse zu machen, die über die gesetzlich formulierten Mindeststandards zum Umweltschutz hinausgehen. Dabei wird aber nicht nur ökonomisch die Bedeutung der Vorhabenrealisierung und der Kosten für Mehraufwendungen zu berücksichtigen sein, sondern auch der Gesichtspunkt der Akzeptanz.

7.2.2 Akzeptanz statt Imageverlust

Die mangelnde Akzeptanz von Großvorhaben kann für den Vorhabenträger zu mehrjährigen Verfahrensverzögerungen, wenn nicht sogar zum Aus für ein geplantes Projekt führen. Die mangelnde Akzeptanz stellt deshalb einen wichtigen ökonomischen Faktor in der Betrachtung von Betreiberseite dar. Dies gilt ähnlich auch für Vorhaben der öffentlichen Hand. Auch wenn sie nicht primär unter betriebswirtschaftlichen Gesichtspunkten beurteilt werden, hat sich auch ein öffentliches Vorhaben am Grundsatz der sparsamen Haushaltsführung zu orientieren. Streitigkeiten mit der Bevölkerung führen zudem oftmals auch zu einem nicht unwesentlichen Imageverlust. Private und öffentliche Vorhabenträger geben daher jährlich Millionenbeträge für Public Relation aus. Projekte, die zum Gegenstand öffentlicher Auseinandersetzung werden, können sogar den Ruf eines Unternehmens auf überregionaler Ebene schädigen. Aus diesem Grund ist es kein Wunder, wenn besonders große Unternehmen viel Energie dafür aufbringen, für die Akzeptanz ihres Projekts in der betroffenen Region zu werben.

Mediation kann sicherlich einen wichtigen Beitrag zur Akzeptanz vor Ort leisten. In diesem Zusammenhang ist aber auf eine weitere Problematik zu achten: Konsens und Kompromiß sind hehre Ziele, weil sie einen hohen Grad an Übereinstimmung der Beteiligten signalisieren. Von Akzeptanz spricht man jedoch schon bei Einstellungen, die nicht von Zustimmung geprägt sind, sondern den Beurteilungsgegenstand nur als noch hinnehmbar erachten. Deshalb ist Vorsicht geboten, wenn Mediation als Mittel zur Akzeptanzverschaffung eingesetzt werden soll.

Entscheidend für den Erfolg eines Aushandlungsprozesses ist, daß von Anfang an die Möglichkeit besteht, daß am Ende die Vorhabenkonzeption in weiten Teilen die Handschrift der Beteiligten des Verhandlungstisches zeigt. Deshalb ist eindringlich vor einer Verwechslung des konsensualen Aushandlungsprozesses mit den Methoden der bloßen Akzeptanzförderung zu warnen.

Das Problem der fehlenden Akzeptanz von umweltrelevanten Großvorhaben hat sich in den letzten Jahren zum Allgemeinplatz entwickelt. Deshalb sind zunehmend Bemühungen erkennbar, in diesem Bereich für den Vorhabenträger kommerzielle Dienstleistungen zu entwickeln. Das Umweltbewußtsein in der Bundesrepublik Deutschland ist in weiten Kreisen der Bevölkerung aber zu weit fortgeschritten, als daß sich die Betroffenen von einigen PR-Spezialisten etwas vormachen lassen. Sicher macht es Sinn, in Abkehr von herkömmlichen "Geheimplanungen" die Betroffenen rechtzeitig und ausführlich von der Vorhabenplanung zu unterrichten. Für diesen Zweck vermag es auch nicht zu schaden, ansprechend gestaltete Farbprospekte in Umlauf zu bringen. Überzeugungsarbeit und Interessenberücksichtigung wird sich aber nicht in Glanzprospekten erschöpfen können. Mediation unterscheidet sich von den Methoden bloßer Akzeptanzförderung in zwei fundamentalen Punkten:

— Erstens wird ein Aushandlungsprozeß nur erfolgreich sein, wenn es tatsächlich zu einem Interessenausgleich kommt. Damit wird impliziert, daß der Vorhabenträger im Vergleich zur ursprünglichen Zielsetzung Änderungen vornehmen und Zugeständnisse machen muß. Vom Grundsatz her wird es bei Mediation nie darum gehen können, lediglich eine neue Verpackung für ein altes Produkt zu entwerfen, wie das die klassische Aufgabe der Werbung ist.

— Zweitens wird sich eine offene Auseinandersetzung und vertrauensvolle Zusammenarbeit nur im Wege partnerschaftlichen und gleichbereichtigten Verhaltens am Verhandlungstisch herstellen lassen. Damit dies gelingt, schlagen wir den Einsatz eines neutralen Dritten vor. Eine solche Stellung kann der zur einseitigen Interessendurchsetzung beauftragte Akzeptanzförderer nicht wahrnehmen.

Die Meßlatte für Mediation liegt also hoch. Die Projektträger müssen sich voll auf den Verhandlungsprozeß und seine Regeln einlassen. Nur dann wird auch der Skepsis in den Reihen der Bürgerinitiativen entgegenzuwirken sein, Mediation könne leicht zu einer Alibiveranstaltung werden, die im Ergebnis einseitig den Betreiberinteressen dient. Wirkliche Akzeptanz für sein Vorhaben wird ein Betreiber nur dann erreichen können, wenn er sich dem Mediationprozeß voll und ganz öffnet.

7.2.3 Notwendigkeit von Selbstkritik

Die Vorhabenträger interessieren sich naturgemäß für alle Möglichkeiten, die eine Verwirklichung ihrer Interessen versprechen. Mediation ist deshalb bislang auch vorwiegend von denjenigen Kreisen interessiert aufgegriffen worden, die in den vergangenen Jahren mit gescheiterten oder langwierigen Planungsprozessen schmerzhafte Erfahrungen gemacht haben. Ihnen standen Betroffenengruppen gegenüber, die die Schwierigkeiten bei der Durchsetzung von überdimensionierten umweltgefährdenden Anlagen häufig nicht ohne Genugtuung erlebt haben. Ein Zusammenführen dieser Parteien an einen Verhandlungstisch wird nur möglich sein, wenn die Vorhabenträger ihre Bemühungen um eine neue Herangehensweise glaubhaft vermitteln können. Hierzu wird im Hinblick auf alte Fehler vielfach Selbstkritik vonnöten sein. Dies mag sich aus der Sicht der Vorhabenträger als ein wesentlicher Nachteil des Mediationverfahrens darstellen, aber Verhandlungen sind nicht die neue "Wunderwaffe" gegen Planungs- und Ansiedlungskonflikte und nicht das neue "Schmiermittel" zur Durchsetzung von umweltbedeutsamen Großvorhaben, sondern ein neuer Weg, um offen und interessengerecht planen zu können.

7.2.4 Zeit und Kostenersparnis

Einsichten sind bekanntlich durchaus wichtig, betriebswirtschaftliche Eckdaten, insbesondere bei Industrieunternehmen, sind aber die ausschlaggebenden Entscheidungskriterien. Projektträger werden sich deshalb zur Beteiligung an einem Aushandlungsprozeß nur bereit finden, wenn begründeter Anlaß für die Annahme besteht, daß die Projektverwirklichung in kürzerer Zeit und damit mit geringeren Vorlaufkosten wird erfolgen können.

Der Zeitaufwand für den Mediationprozeß darf sicherlich nicht unterschätzt werden. Er dürfte aber jedenfalls wesentlich geringer sein als der Zeitverzug, der durch das Beharren auf der Durchsetzung des Vorhabens allein in herkömmlichen Bahnen entstehen kann. Natürlich werden nicht nur die Verhandlungen, sondern auch die umfänglichen Verhandlungsübereinkünfte einiges an Kosten verursachen. Diese Ausgaben dürften aber regelmäßig besser angelegt sein als die hohen Vorlaufkosten einer blockierten Planung. Außerdem läßt sich der Wert einer Kompromißlösung nicht nur in Mark und Pfennig ausdrücken.

7.3 Aus der Sicht der Betroffenen

Das Mißtrauen gegenüber freiwilligen Aushandlungsprozessen ist gegenwärtig bei den potentiell Betroffenen noch am größten. Beispielhaft dafür steht eine Stellungnahme des Ökoinstituts vom Oktober 1990, in der, festgemacht an der Planung von Sondermüllverbrennungsanlagen, Zurückhaltung gegenüber Mediation gefordert und ein Katalog von Bedingungen für die Teilnahme an Aushandlungsprozessen formuliert wird (vgl. Führ, Informationsdienst Umweltrecht 1990, S. 52).

Hintergrund der von Bürgerinitiativenseite formulierten Skepsis gegenüber Mediation ist das von uns bereits in der Einleitung geschilderte Machtungleichgewicht zwischen den verschiedenen Beteiligten, das sich nicht nur in der unterschiedlichen Finanzmacht widerspiegelt, sondern auch in gravierenden Informationsungleichgewichten und der teilweise nicht nur unerheblich günstigeren Rechtsstellung des Betreibers verglichen mit den möglichen Betroffenen. Wenn man sich dieser Ausgangslage bewußt ist, läßt sich die Zurückhaltung von Bürgerinitiativen leicht erklären. Wir denken jedoch, daß Mediation auch und gerade zur Gewährleistung eines umfassenderen Umweltschutzes einen wichtigen Beitrag leisten kann, und gehen deshalb davon aus, daß das Konzept perspektivisch gerade aus dem Blickwinkel der Bürgerinitiativen erfolgversprechend ist.

7.3.1 Grundbedingungen für die Teilnahme an Aushandlungsprozessen

Das Ökoinstitut Darmstadt hat für die Teilnahme von Bürgerinitiativenvertretern an Aushandlungsprozessen folgende Grundvoraussetzungen formuliert:

- Offenheit aller Angaben über die Anlage (also u. a. Art und Menge der Stoffe, Emissionen in Luft, Wasser, Abfall, sicherheitstechnische Auslegung der Anlage).

- Wirklich gleichwertige Beteiligung der Betroffenen (es darf nicht der Eindruck entstehen, die Betroffenen sollten "über den Tisch gezogen werden").

- Betreiber und Behörden müssen bereit und in der Lage sein, die Definitions- und Entscheidungsmacht mit den Betroffenen zu teilen.

- Die Betroffenen müssen in die Lage versetzt werden, sich fachlich fundiert an der Auseinandersetzung zu beteiligen; auf seiten der

Betroffenen muß daher eine entsprechende Informationsinfrastruktur vorhanden sein, die es ihnen ermöglicht, die relevanten Daten zusammenzutragen, zu bewerten und in das Verfahren einzubeziehen.

– Es muß eine echte win-win-Situation gegeben sein; beide Seiten müssen bereit und in der Lage sein, echte materielle Zugeständnisse zu machen.

Das von uns beschriebene Modell von Aushandlungsprozessen erfüllt diese Bedingungen. Sicherlich kann auch das beste Mediationkonzept keine absolute Gewähr dafür bieten, daß sämtliche Verfahrensregeln in der Praxis eingehalten werden. Es ist Aufgabe des von allen Seiten akzeptierten Konfliktmittlers, für die Einhaltung dieser Bedingungen Sorge zu tragen. Im übrigen ist eine Grundvoraussetzung von Mediation, daß jede Seite zu jeder Zeit die Verhandlungsrunde verlassen und sich auf andere Wege der Interessendurchsetzung zurückziehen kann.

Die Gefahr, "über den Tisch gezogen zu werden" kann dadurch zwar nicht vollends ausgeschlossen, aber doch deutlich vermindert werden.

7.3.2 Ausgleich des Machtungleichgewichts

Das faktische Machtungleichgewicht zwischen den Beteiligten ist nach unserem Konzept auf umfassende Weise auszugleichen. Zum einen muß es darum gehen, Verfahrensregeln zu schaffen, die für alle Beteiligten den nötigen Zugriff auf Informationen und Sachbeistand sicherstellen. Deshalb können die weitreichenden Informationsinteressen der Projektbetroffenen durch dieses Konzept in vollem Umfang erfüllt werden. Dagegen steht zwar der Verlust an einfach handhabbaren Argumentationsfiguren des klassischen Projektwiderstandes: "Mauschelei!, Geheimniskrämerei!, Über die Köpfe der Betroffenen hinweg!". Aber umfassende Projektinformation ist eine bedeutsame Grundlage, die Auseinandersetzung um ein Projekt fundiert zu führen und sachgerechte Positionen zu den Problemen formulieren zu können. Deshalb sollen die Projektbetroffenen auf den Informationsgewinn durch Mediation abzielen.

Zum anderen ist inhaltlich zu gewährleisten, daß keine einseitig belastenden Ergebnisse zugelassen werden. Beiden Zwecken dient es, wenn wir den Einsatz eines **aktiven** Konfliktmittlers vorschlagen. Wichtig ist insofern auch, daß sich die Beteiligten von vornherein dar-

86

auf verständigen, daß Abstriche von vorgeschriebenen Umweltstandards nicht verhandlungsfähig sind und mögliche Kompensationsmaßnahmen nur nachrangig in Frage kommen.

7.3.3 Verlust der Nulloption

Ein weiteres gewichtiges Problem für die Teilnahme an Mediation ist der Umstand, daß die Betroffenen häufig schon frühzeitig eine eindeutig ablehnende Haltung gegenüber dem geplanten Projekt einnehmen. Diese Haltung mag in vielen Fällen berechtigt sein; sie ist es aber nicht immer. Der Verhandlungsprozeß muß deshalb so gestaltet werden, daß die Möglichkeit besteht, in der Anfangsphase zu klären, ob das Vorhaben überhaupt kompromißfähig ist oder nicht. Deshalb plädieren wir dafür, mit der Aushandlung möglichst so früh zu beginnen, daß für Erwägungen über das "Ob" ausreichend Spielraum vorhanden ist.

Alle Überlegungen zur Verfahrenspartizipation sowie zur Dimensionierung und Gestaltung des Vorhabens und zur Minimierung und Kompensation seiner Auswirkungen auf Mensch und Umwelt sind entbehrlich, solange die Position durchsetzbar erscheint, die Verwirklichung des Projekts verhindern zu können. Das Mediationkonzept mutet den Vorhabengegnern dagegen eine konstruktive Befassung mit dem Projekt zu. Der Schritt an den Verhandlungstisch ist deshalb als erster Schritt weg von der sog. Nulloption und hin zur "Akzeptanz unter Auflagen" zu verstehen.

Verhandeln oder Widerstand – das ist hier die Frage, die sich in Betroffeneninitiativen stellen wird, denn fundamentale Gegnerschaft und pragmatisch-realistische Kompromißsuche schließen sich zumindest für den Zeitraum der Verhandlungen weitgehend aus. Wir nehmen hier das nicht nur für die Grünen typische Begriffspaar der "Fundis" und der "Realos" bewußt auf, um damit die Warnung davor zu verbinden, die Haltung zu Mediation zu einer umweltpolitischen Grundsatzfrage hochzustilisieren. Dessen ungeachtet kann aber nicht über den Befund hinweggegangen werden, daß Mediation die Vorhabengegner in eine schwierige strategische Lage versetzt, deren Für und Wider auszuloten jeweils einer Entscheidung im Einzelfall bedarf.

Absolute Gültigkeit erlangt die Einschränkung des Verlusts der Nulloption aber erst in späteren Phasen des Verfahrens. Siedelt man den Beginn der Aushandlung bereits im Scoping-Verfahren bzw. im Rahmen des Raumordnungsverfahrens an, so ist auch die Frage des "Ob" den Verhandlungen insoweit noch zugänglich, als durchaus auch über prinzipielle Alternativlösungen zur Erreichung des gesteckten Ziels nachgedacht werden kann.

Bei jedem Vorhaben muß also die Frage gestellt werden, welche realistische Alternative zur Teilnahme an einem Aushandlungsprozeß besteht:

– Ein Projekt muß scheitern, wenn es sich **politisch** nicht durchzusetzen vermag. Der Meinungskampf und die Kräfteverhältnisse sind aber bekanntlich großen Schwankungen unterworfen, so daß eine Orientierung allein auf die Projektverhinderung durch politische Mittel sehr riskant ist. Bei Planungen der öffentlichen Hand, wie der Verkehrswegeplanung, kommt hinzu, daß sie von politischen Mehrheiten getragen sein muß, um überhaupt in die Planungskonkretion zu gelangen. Um so schwieriger ist es, Gegenpositionen politisch zum Tragen zu bringen.

– Die Realisierung des Vorhabens wird auch verhindert, wenn die Planung der **gerichtlichen Überprüfung** nicht standhält. Hier ist nicht der Ort, ausführlicher der Frage nachzugehen, wie groß die Aussichten von Klagen gegen ein Vorhaben sind. Klar ist aber, daß es oftmals schon an "klagebefugten" Betroffenen fehlt. Für Planfeststellungsverfahren gilt außerdem, daß der gerichtliche Überprüfungsmaßstab bei planerischen Abwägungsentscheidungen begrenzt ist. Nur Abwägungsfehler können vom Gericht gerügt werden. Das Gericht darf nicht seine eigenen Erwägungen an die Stelle der entsprechenden Überlegungen der planenden Verwaltung setzen. Vor allem im Bereich der Bundesfernstraßen mußte deshalb die Erfahrung gemacht werden, daß in gerichtlichen Verfahren meist nur Schutzmaßnahmen, insbesondere gegen Lärmbelastungen durchgesetzt werden können, das Projekt als solches aber nicht verhindert werden kann.

– Häufig wird bei der Entwicklung politischen Widerstandes und der Einlegung von Rechtsmitteln gar nicht auf eine direkte Durchsetzung der Interessen abgezielt. Die Vorhabengegner setzen auf **Verhinderung durch Verzögerung**. Auch diese strategische Überlegung entzieht sich einer allgemein gültigen Bewertung. Sicherlich kann die Befürchtung erheblicher Verzögerungszeiten bei privaten Vorhabenträgern zu Umorientierungen führen. Aber angesichts entsprechender betrieblicher Erfordernisse und hoher Planungsvorlaufkosten dürfte das nicht gerade häufig so sein. Bei öffentlichen Vorhaben, insbesondere bei Abwasser- und Abfallprojekten sowie bei Verkehrswegeplanungen, kann regelmäßig nicht darauf gebaut werden, daß angesichts der ohnehin langen Planungszeiträume, Verzögerungen durch Aktivitäten der Vorhabengegner allein geeignet wären, eine Projektaufgabe zu bewirken.

Vor diesem Hintergrund müssen die Betroffenen die Chancen und Grenzen eines Aushandlungsprozesses im Einzelfall einschätzen und zu gewichten wissen.

7.3.4 Gestaltungsmöglichkeiten, Steigerung von Umweltstandards

Wir haben an verschiedenen Stellen aufgezeigt, daß wir in dem Mediationkonzept einen guten Weg sehen, zu einer optimalen Planung mit weitreichenden Schutz-, Ausgleichs- und Kompensationsmaßnahmen zu gelangen. Die Betroffenen können nicht mehr länger aus dem Planungsprozeß herausgehalten werden, sondern sie nehmen substanziell Einfluß auf die Vorhabengestaltung. Im Wege der Aushandlung können Verhandlungspakete geschnürt werden, die den Betroffenen Problemlösungsvarianten eröffnen, welche weit über das Einzelvorhaben hinaus führen können. Aus Betroffensicht muß jedes umweltbedeutsame Vorhaben am Verhandlungstisch quasi als Faustpfand für weitreichende Verbesserungen der Umwelt- und Lebensqualität im Betroffenengebiet angesehen werden. Damit erschließen sich den Betroffenen Einwirkungs- und Gestaltungsmöglichkeiten, die häufig weit über die Erfolge durch Projektopposition hinausweisen. Des weiteren können sie auf eine Steigerung der Umweltstandards hinwirken.

Die Verwaltungen können einen Vorhabenträger regelmäßig nur solche Umweltschutzmaßnahmen aufgeben, die den Regeln oder dem Stand der Technik entsprechen. Sie sind dabei von der Entwicklung insbesondere des Ingenieurwissens abhängig, wie es sich in wissenschaftlichen Veröffentlichungen und weit verbreiteten Regelwerken (VDI, DIN etc.) niederschlägt. Häufig wird deshalb das "Schweigekartell der Oberingenieure" beklagt, womit der Umstand umschrieben wird, daß auf seiten der Industrie ein hoher Gruppendruck ausgeübt wird, technische Neuerungen, die eine Fortentwicklung des Stands der Technik markieren könnten, nicht ohne Not an die große Glocke zu hängen. Wenn es aber am Verhandlungstisch hart auf hart geht, dann steht zu erwarten, daß im Einzelfall sicherlich nicht selten Maßnahmen vereinbart werden können, die deutlich bessere Schutzwirkungen haben als solche, die dem Stand der Technik entsprechen. Damit kann über Aushandlungsprozesse eine Dynamisierung der Umweltstandards ausgelöst werden, weil Referenzprojekte entstehen. Dadurch wiederum können vielleicht entsprechende umweltpolitische Initiativen von Verwaltungen, Verbänden oder Parteien unterstützt werden, die auf eine Steigerung von Umweltstandards abzielen. Einem Mediationergebnis kommt so im Einzelfall möglicherweise sogar überregionale Bedeutung zu.

7.3.5 Widerlegung des St.-Florians-Vorwurfs

Projektkritik sieht sich häufig dem Vorwurf ausgesetzt, allein dem St.-Florians-Prinzip zu gehorchen. Erforderlichkeit und Konzeption eines bestimmten Vorhabens werden dann nicht wirklich bestritten. Nur der Standort oder Verlauf des Projekts wird jeweils von den betroffenen Anwohnern angezweifelt, um sich nicht den Auswirkungen eines an sich als notwendig erkannten Vorhabens ausgesetzt zu sehen. Zunächst muß man aufhorchen, ob hier nicht gerade die am lautesten schelten, die sonst mit Forderungen nach dem freien Lauf der Kräfte des Marktes und nach der Subsidiarität des Staates einem ausgeprägten Individual- bzw. Gruppenegoismus das Wort reden. Gemeinsinn kann sich vor allem da entwickeln, wo Raum für gemeinschaftliche Verantwortung geschaffen wird. Es muß also von den anderen Beteiligten, den Vorhabenträgern und den Begünstigten, den maßgeblichen Institutionen und den Verwaltungen die deutliche Bereitschaft gezeigt werden, nicht gegen die Betroffenen, sondern mit ihnen auch unter Berücksichtigung ihrer spezifischen Belastungen eine Lösung zu suchen. Damit sind die Betroffenen in das Für und Wider der Entscheidungsfindung einbezogen, das ihnen die Möglichkeit eröffnet, selbst mitzubeurteilen, ob sie zu recht in die Gemeinwohlverantwortung einbezogen werden sollen. Vor allem aber bietet der Verhandlungstisch den Anwohnern die Möglichkeit, durch umfassende Verhandlungslösungen nicht nur für ihre Interessen zu streiten, sondern an der Optimierung der Planung für das gesamte Gebiet mitzuwirken.

7.3.6 Schlimmer geht es immer!

Der Mediationprozeß ist so anzulegen, daß jedem Beteiligten der Druck zur Konsensfindung ständig vor Augen steht. Die Initiierung und Aufnahme von Verhandlungen ist mit großem Aufwand verbunden und dürfte von einem intensiven Interesse der Öffentlichkeit begleitet sein.

Die Beteiligung an einem Aushandlungsprozeß setzt deshalb jeden Teilnehmer unter Zugzwang, aber sie bildet keinen point of no return. Mediation sollte gerade deshalb ein informelles Verfahren neben dem förmlichen Verfahren bleiben – und nicht eine mehr oder weniger umfangreiche gesetzliche Ausgestaltung als Teil des Verwaltungsverfahrens finden -, damit nach dem Prinzip der Freiwilligkeit ein Ausstieg aus den Verhandlungen möglich bleibt. Natürlich muß aus der Sicht der Betroffenen das Verlassen des Verhandlungstisches wohlüberlegt sein. Der mögliche Abzug vom Tisch darf nicht nur einen publizistischen Tageserfolg erbringen mit der Folge, daß sich über kurz oder lang der Eindruck eines kompromißbereiten Projektträgers und einer verbohrten Betroffenengruppe durchsetzt. Aber wenn es gerade an dieser Kompromißbereitschaft fehlt, wenn von den Betroffenen festgestellt werden muß, daß Zusagen zu Information und Beteiligung nicht eingehalten werden oder ein annehmbares Verhandlungsergebnis nicht zu erzielen ist, dann kann der Aushandlungsprozeß jederzeit abgebrochen werden. Niemand ist gehindert, den Verhandlungstisch zu verlassen, wenn ein mittlergestützer Aushandlungsprozeß nicht den intendierten Interessenausgleich zu erbringen vermag.

II. Einbettung in die Entscheidungsprozesse der Praxis

1. Einleitung

Mit der bisherigen Darstellung haben wir die Ausgangsbedingungen eines Mediationverfahrens, seine wesentlichen Bausteine sowie seine Vor- und Nachteile herausgearbeitet. Dabei ist klar geworden, daß es nicht um einen schlichten Ersatz des bisherigen förmlichen Verwaltungsverfahrens durch eine irgendwie geartete Aushandlung gehen kann, sondern nur um eine sinnvolle Verknüpfung des weiterbestehenden förmlichen Verwaltungsverfahrens mit dem neu hinzugekommenen Mediationprozeß. Mindestens ebenso entscheidend wie das "Ob" von Mediation ist das "Wie" des Aushandlungsprozesses: Nur wenn es gelingt, die beschriebenen Kriterien der Offenheit und des Ausgleichs des bestehenden Machtungleichgewichtes einzuhalten, ergeben die Versuche mit Mediation einen Sinn.

In den folgenden Abschnitten wollen wir uns damit befassen, auf welche Weise Mediation in die verschiedenen Stadien der Entscheidungsprozesse bei unterschiedlichen Vorhaben eingebettet werden kann. Auch hierin spiegeln sich die oben entwickelten Kriterien zur Beurteilung von Mediation wieder: Vor allem in der Konsequenz, mit der Aushandlung bereits zu beginnen, bevor wesentliche Vorentscheidungen getroffen worden sind. Innerhalb späterer Verfahrensstadien kann es – wie weiter unten gezeigt wird – durchaus möglich sein, zu erfolgreichen Aushandlungsergebnissen zu gelangen. Aber je später die Aushandlungsprozesse einsetzen, desto geringer sind die Chancen für einen erfolgreichen Kompromiß. Dabei ist vor allem zu bedenken, daß in späteren Phasen meist solche Aspekte, die aus Betroffenensicht besonders wichtig sind – wie z. B. die Standortauswahl und die sogenannte Nulloption – keine Rolle mehr spielen können. Deshalb dürfte die Bereitschaft auf seiten der Betroffenen, in einen Aushandlungsprozeß einzutreten, in späteren Stadien geringer sein. Da ein erfolgreicher Aushandlungsprozeß aber die Bereitschaft aller Seiten zu ernsthaften Verhandlungen voraussetzt, sinken die Erfolgschancen mit dem Grad der schon erfolgten Vorplanung.

So erklärt sich, daß in der folgenden Darstellung die vorgelagerten Planungsstufen (Standortsuche, Raumplanung, Regionalkonzepte) und das "Scoping" zur Umweltverträglichkeitsprüfung eine besondere Rolle spielen. Im Anschluß daran werden wir uns im einzelnen mit den verschiedenen Zulassungsarten (Planfeststellungsbeschluß, Plangenehmigung, immissionsschutzrechtliche Genehmigung) befassen und schließlich zur Möglichkeit von Aushandlungsprozessen außerhalb förmlicher Zulassungsverfahren am Beispiel der Altlastensanierung Stellung nehmen.

2. Standortsuche, Raumplanung und Regionalkonzepte

Zu den aus Umweltsicht wichtigsten Phasen der Planung und Zulassung umweltbedeutsamer Vorhaben zählt die Standortsuche. An ihr erhitzen sich die Gemüter der Beteiligten oft sehr viel mehr als an anderen Fragestellungen. Hier hat auch der Vorwurf des "St.-Florians-Prinzips" seinen Ausgangspunkt.

Das gegenwärtige Verfahrensrecht geht nur für Ausnahmefälle davon aus, daß die Betroffenen bereits in die Standortsuche einbezogen werden. In der Regel ist dies nur bei denjenigen besonders bedeutsamen Vorhaben der Fall, die unter die Bestimmung des § 6 a des Raumordnungsgesetzes fallen, denn in diesem Zusammenhang ist eine erste Umweltverträglichkeitsprüfung schon im Raumordnungsverfahren vorzunehmen, bei der auch die Öffentlichkeit zu beteiligen ist. Bei der Vielzahl anderweitiger Vorhaben, insbesondere auch im Immissionsschutzrecht, ist das jedoch nicht der Fall. Die Einflußlosigkeit der Betroffenen bei der Standortsuche hat meist den Effekt, daß sich die betroffenen Personen und Gemeinden von der planenden Behörde "überrumpelt" fühlen, so daß das Auffinden von Konsenslösungen maßgeblich erschwert wird.

Soll der Mediationprozeß nicht von vornherein durch derartige voreilige Weichenstellungen erschwert werden, so ist erforderlich, daß der Aushandlungsprozeß schon bei der Standortsuche ansetzt. Dies gilt unabhängig davon, ob gesetzlich ein förmliches Beteiligungsverfahren vorgesehen ist oder nicht. In keinem Fall ist die Behörde oder der Vorhabenträger daran gehindert, schon in dieser Phase offen auf die Bürger und die Gemeinden zuzugehen.

Auf diese Weise ist es nicht nur möglich, einem geplanten Vorhaben "Akzeptanz" zu verschaffen, sondern denkbar und anzustreben, daß gemeinsam mit den Betroffenen regionale Konzepte entwickelt werden. Der Eindruck der jeweiligen Standortgemeinde und -bevölkerung, von oben herab eine Planung aufgedrückt zu bekommen, wird sich vermeiden lassen, wenn alle Betroffenen gemeinsam die Standortsuche angehen und dabei auch vorbehaltlos die Frage der Erforderlichkeit des jeweiligen Vorhabens stellen können.

Entsprechend diesen Vorüberlegungen sollten beispielsweise bei der Planung einer neuen Abfalldeponie folgende Gedanken einbezogen werden:

1. Der Kreis der betroffenen Bürger und Gemeinden ist unverzüglich in den Prozeß der Standortauswahl einzubeziehen.

2. Die zuständigen Behörden müssen Abstand nehmen von der herkömmlichen Durchsetzungspolitik und auf einen Typus offener Standortplanung setzen. Das zu entwickelnde Planungskonzept darf nicht lediglich Trick- und Alibi-Veranstaltung zur Akzeptanzverschaffung für bereits vorgefaßte Lösungen sein.

Glaubwürdigkeit wird hierbei nur erzielt werden, wenn sich die Verantwortlichen zunächst selbstkritisch zu Fehlern in der Vergangenheit bekennen. Weiterhin muß die ernsthafte Absicht bestehen, die bisher weitgehend von Privatgutachten vorgezeichnete Standortauswahl nicht als unumkehrbar aufzufassen. Schließlich muß die Bereitschaft bei den Vorhabenträgern und den staatlichen Verantwortlichen entwickelt und nach außen deutlich gemacht werden, sich auf einen neu gearteten Lern- und Planungsprozeß einlassen zu wollen.

3. Der Bevölkerung der betroffenen Gemeinden muß die Möglichkeit eingeräumt werden den bisherigen Planungsstand in vollem Umfang anzuzweifeln. Dazu gehört sowohl die Erforderlichkeit der Anlage wie auch die Rechtfertigung der vom Gutachter gewählten Standortvorauswahlkriterien. Zu diesen Punkten muß es in gleichem Maße umfängliche Informationen geben wie zu Fragen der Deponietechnologie und den Umweltauswirkungen einer Abfalldeponie. Durch Art und Umfang einer breit angelegten Informationsarbeit sind die Voraussetzungen einer Mitwirkung der Betroffenen zu schaffen.

Bestandteile der Öffentlichkeitsarbeit sollten neben allgemeinverständlichen Darstellungen vor allem Diskussionsrunden, Pro- und Contra-Erörterungen sowie Expertenbefragungen durch die örtlichen Betroffenen sein. Den Kreis- und Gemeindevertretern, den Kommunalbeamten, den Presseorganen und den örtlichen Interessenvertretern, aber auch den Umwelt- und Naturschutzgruppen sowie jedem interessierten Gemeindebewohner muß ein ausreichendes Basiswissen als Voraussetzung einer gemeinsamen Problemlösungssuche vermittelt werden.

Eine solche Informationspolitik wird zum Scheitern verurteilt sein, wenn sie durch Fachchinesisch und Kathederreden oder durch Übertreibungen und Machbarkeitsüberschätzungen gekennzeichnet ist.

4. Den Betroffenen der Regionen muß neben der Information über den bisherigen Stand der Planungsüberlegungen gleichzeitig ein ausreichender Einblick in den Zweck und den Verlauf des Mediationverfahrens gegeben werden. Dabei sollten internationale Erfahrungen mit vergleichbaren Vorgehensweisen vorgestellt werden, um die Vorbildwirkung nutzbar machen zu können, ohne auf die kritische Prüfung der Übertragungsmöglichkeiten zu verzichten.

5. Als Einstieg in den intendierten neuartigen Planungs- und Konfliktlösungsprozeß sollen neben der breiten Öffentlichkeitsinformation Beteiligungsorgane geschaffen werden, an denen die von der Lösungssuche betroffenen Behörden, Institutionen und Gruppen zu beteiligen sind. Es bietet sich dabei an, gegebenenfalls auf Grundlage der bisherigen Standortvorauswahl, Regionalgruppen zu bilden. Diese Regionalgruppen sollten vor allem folgenden Aufgaben nachgehen:

a) Vertiefte Erörterung der Erforderlichkeit und Dimensionierung einer Abfalldeponie sowie der Risiken der Anlagentechnologie für Mensch und Umwelt.

b) Überprüfung der Kriterien und Ergebnisse der gegebenenfalls bereits vorliegenden Standortvorauswahl. Es steht zu erwarten, daß in den Regionalgruppen zusätzliche örtliche Informationen zusammengetragen werden. Vor diesem Hintergrund muß der bisherige Planungsstand eine Bestätigung oder aber eine Modifikation erfahren können.

c) Erarbeitung von Auswahlkriterien für die Fortsetzung der Standortauswahl.

d) Begleitung und Überprüfung der weiteren Standortuntersuchungen (Probebohrungen).

e) Überlegungen zu Kompensationsmöglichkeiten zu Gunsten der potentiellen Standortgemeinde(n).

Vor dem Hintergrund dieser Aufgabenstellung und unter Berücksichtigung der lokalen Gegebenheiten sollte die Bestimmung der Mitglieder der Regionalgruppen erfolgen (u. a. Ministerium, RP, Vorhabenträger, Kreis, Gemeinden, Parteien, IHK, Abfallerzeuger, Verbraucher- und Umweltschutzorganisationen, BI's und Nachbarschaftsgruppen). Für die Regionalgruppen müssen Verfahrensregeln aufgestellt werden, die eine Bedingung für eine vertrauensvolle Zusammenarbeit darstellen. Weiterhin müssen ihnen eigene Finanzmittel zur Verfügung stehen, um sich selbständig unabhängiges Fachwissen beschaffen zu können.

6. Wesentlich für das Gelingen des Aushandlungsprozesses innerhalb der Standortsuche ist die Offenheit des Ergebnisses. Ziel ist es, zu einer gemeinsamen Haltung aller Beteiligten über die Notwendigkeit und den Umfang der Vorhabenplanung, aber auch über im Rahmen eines Regionalkonzeptes realisierbare weitergehenden Schritte zur Abfallvermeidung und Abfallverwertung zu kommen. Von daher muß auch der Verzicht auf das geplante Vorhaben als Option des Verhandlungsprozesses offengehalten werden.

Für den Fall, daß eine Einigung über die Errichtung der Anlage erfolgt ist und im nachfolgenden Schritt die Standortsuche zu einem einvernehmlichen Ergebnis gekommen ist, gilt es, den Fortgang des Aushandlungsprozesses sicherzustellen. Da davon auszugehen ist, daß selbst bei einer optimalen Standortauswahl für die betroffene Standortgemeinde erhebliche Belastungen übrigbleiben, die auch durch weitestgehende Umweltschutzmaßnahmen nicht zu verhindern sind, wäre es nicht sachgerecht, dieser Gemeinde schlechthin den "schwarzen Peter" eines Sonderopfers für die gesamte Region ohne Ausgleich abzuverlangen. In Fortführung des Aushandlungsprozesses muß deshalb dafür gesorgt werden, daß der Gemeinde anderweitige Kompensation für ihre außergewöhnliche Belastung zuteil wird. Dies gilt es im Ergebnis zur Standortsuche bereits festzuhalten, um die Position der ausgewählten Standortgemeinde nicht zu schwächen.

Die soeben idealtypisch am Beispiel der abfallrechtlichen Planung dargestellte Situation stellt sich bei anderen Vorhaben grundsätzlich ähnlich dar. Insbesondere bei der Verkehrswegeplanung ergeben sich ähnliche Möglichkeiten, schon relativ frühzeitig in einen gemeinsamen

Aushandlungsprozeß einzutreten, und dabei auch die Frage der grundsätzlichen Erforderlichkeit im Hinblick auf Landes- oder Regionalkonzepte zu stellen. Dabei kann allerdings nicht verhehlt werden, daß es sicherlich im Rahmen der Bundesverkehrswegeplanung relativ schwierig sein wird, die jeweiligen Vorhabenträger davon zu überzeugen, sich einem offenen Planungsprozeß zu stellen.

Schwieriger als innerhalb von Planungsverfahren dürfte die gemeinsame Standortsuche im Immissionsschutzrecht sein. Hier besitzt der jeweilige Antragsteller meist bereits ein bestimmtes Grundstück, auf dem er sein Vorhaben zu verwirklichen gedenkt. Die Frage der Ansiedlung stellt sich unter dieser Voraussetzung mehr im Hinblick auf die Erfüllung umweltrechtlicher Vorschriften als im Hinblick auf die Wahl des Standorts. Eine Einflußnahme auf die Standortauswahl von seiten der betroffenen Gemeinde oder gar von seiten der Bevölkerung erscheint nur in den Fällen denkbar, in denen Vorentscheidungen über die zur Verfügung stehenden Grundstücke noch nicht getroffen worden sind.

3. Umweltverträglichkeitsprüfung und Scoping

Nach jahrelanger Diskussion ist Mitte November 1989 das Gesetz zur Umsetzung der EG-Richtlinie über die Umweltverträglichkeitsprüfung bei bestimmten öffentlichen und privaten Projekten im Bundestag beschlossen worden und am 12.2.1990 in Kraft getreten.

Die UVP gliedert sich in vier Phasen:

1. Nach der Unterrichtung der zuständigen Behörde über das geplante Vorhaben durch den Träger des Vorhabens sollen gemeinsam Gegenstand, Umfang und Methoden der UVP erörtert werden. Die zuständige Behörde soll den Vorhabenträger über den voraussichtlichen Untersuchungsrahmen der UVP sowie über Art und Umfang der voraussichtlich beizubringenden Unterlagen unterrichten (§ 5 UVPG – sogenanntes "Scoping").

2. Der Träger des Vorhabens ermittelt und beschreibt in von ihm zusammenzustellenden Unterlagen die voraussichtlichen Auswirkungen des Vorhabens auf Mensch und Umwelt (§ 6 UVPG – Umweltverträglichkeitsuntersuchung).

3. Auf Grundlage der vorgelegten Unterlagen findet ein Informations- und Konsultationsprozeß unter Einschaltung der fachlich betroffenen Behörden und der Öffentlichkeit statt (§§ 7 - 9 UVPG).

4. Von den zuständigen Behörden werden alle eingeholten Angaben und Informationen in einem zusammenfassenden Bericht dargestellt. Auf dieser Grundlage ist eine Bewertung der Umweltauswirkungen des Vorhabens im Hinblick auf seine Umweltverträglichkeit vorzunehmen. Das UVP-Ergebnis ist bei den zu treffenden behördlichen Entscheidungen über die Zulässigkeit des Vorhabens zu berücksichtigen (§§ 11, 12 UVPG).

Vorliegend interessiert die Frage, inwieweit dem Mediationkonzept Anregungen für die Ausgestaltung der UVP entnommen werden können.

Von der Zielrichtung her sind Mediation und UVP leicht vereinbar: Mediation sucht neue Wege, die von allen Beteiligten beklagten Mängel der herkömmlichen Bürgerbeteiligungs- und Planfeststellungsverfahren zu beheben, und bessere Möglichkeiten des Interessensausgleiches, insbesondere in Bezug auf Umwelteingriffe, zu schaffen. Die UVP hat die Aufgabe, eine stärkere Berücksichtigung der Umweltbelange im Planungsverfahren sicherzustellen. Hierzu soll neben der Verstärkung materieller Anforderungen an die Umweltverträglichkeit eines Vorhabens vor allem der Ausbau der Beteiligungsrechte beitragen. Mediation und UVP haben deshalb auf zwei Ebenen grundsätzlich Gemeinsamkeiten, die Überlegungen zu einer wechselseitigen Ergänzung nahelegen: Beide Ansätze zielen auf die verbesserte Berücksichtigung von Nachbar- und Umweltbelangen bei der Ansiedlung von Großvorhaben ab, und für beide kommt der Ausgestaltung des Beteiligungsverfahrens eine wesentliche Bedeutung zu.

Der geeignete Ort für die praktischen Verknüpfung der beiden Ansätze liegt unseres Erachtens im Scoping, also der Festlegung des Untersuchungsrahmens nach § 5 UVPG. Schon in dieser ersten Phase der UVP könnten die Interessenvertreter zusammengeführt werden. Das Gesetz sieht das nicht als Verpflichtung vor, aber es läßt ein solches Vorgehen zu: Der ursprüngliche Gesetzentwurf der Bundesregierung sah in § 5 UVPG die Erörterung von Gegenstand, Umfang und Methoden der Umweltverträglichkeitsprüfung lediglich zwischen dem Träger des Vorhabens und der zuständigen Behörde vor. Kurz vor der Verabschiedung des Gesetzes ist in die Vorschrift jedoch auf Initiative des federführenden Bundestagsausschusses eine Erweiterung von § 5 UVPG aufgenommen worden. Zu der vorgesehenen Erörterung zwischen der zuständigen Behörde und dem Vorhabenträger vor Erstellung und Einreichung der Antragsunterlagen können danach auch "andere Behörden, Sachverständige oder Dritte hinzugezogen werden".

Die Beurteilung von Art und Ausmaß der Umwelteinwirkungen, die z. B. von einer Abwasser- oder Abfallentsorgungsanlage ausgehen, steht regelmäßig im Mittelpunkt der absehbaren Auseinandersetzungen mit den Anwohnern und Umweltschutzinitiativen. Wenn sich nun der Träger des Vorhabens und die zuständige Behörde über den Untersuchungsrahmen und die voraussichtlich erforderlichen Unterlagen für eine UVP verständigen, dann ist die später von der Behörde durchzuführende Überprüfung in wesentlichen Zügen vorstrukturiert. Geschieht dies unter Ausschluß der Betroffenen, so besteht die Gefahr, daß in späteren Verfahrensstadien eine gemeinsame Verhandlungsbasis nicht mehr gefunden werden kann. Deshalb ist eine rechtzeitige Einbeziehung der Betroffenen geboten.

Der Gesetzgeber selbst hat die Bedeutung der Verhandlungsphase vor der Einleitung des förmlichen Verfahrens erkannt und in § 5 UVPG eine ausdrückliche Regelung zur Abstimmung des Untersuchungsrahmens der UVP vor Einreichung der Antragsunterlagen geschaffen. Die Hinzuziehung von Sachverständigen und Dritten wird darin ausdrücklich als Möglichkeit vorgesehen. Damit ist ein wichtiger Ansatzpunkt für ein neues Verständnis von Bürgerbeteiligung geschaffen, den es auszuweiten gilt. In Problemfällen – und hierzu dürfte z. B. nahezu jede neue Planung einer Abfallentsorgungsanlage oder eines Verkehrsweges zählen -, sollten die Problemabstimmungen zur Umweltverträglichkeitsprüfung unter Beteiligung aller relevanten Behörden und Personengruppen erfolgen.

Damit kann auch der bereits zu erkennenden Tendenz entgegengewirkt werden, die UVP lediglich als eine lästige Pflichtaufgabe zur Aufblähung der Antragsunterlagen anzusehen. Die UVP kann dann nicht mehr vom Vorhabenträger quasi im Alleingang vorbestimmt werden. Die Bewertung der Umweltauswirkungen ist vielmehr in verschiedenen Etappen vorgesehen, und die Beteiligten sind zum frühestmöglichen Zeitpunkt einzubeziehen. Weil der rechtzeitige Meinungsaustausch allein nicht die Gewähr dafür bietet, daß die Interessenabstimmung gelingt, ist entsprechend frühzeitig an die Einschaltung eines Konfliktmittlers zu denken. Schließlich wird eine konsensuale Konfliktbewältigung vielfach ohnehin ausscheiden, wenn nicht zumindest die Grundlegung zur Abschätzung der Umweltverträglichkeitsrisiken einvernehmlich erfolgt. Unterschiedliche Bewertungen können dann Gegenstand von Aushandlungsprozesse sein, die umfassende Abstimmungen und Vereinbarungen zu der Konzeption eines geplanten Vorhabens erbringen sollen.

4. Mediation aus Anlaß von Zulassungsverfahren

Geht es bei der bevorstehenden Verwaltungsentscheidung um die Zulassung eines bestimmten Projekts, so ergeben sich für den Aushandlungsprozeß jeweils spezifische Ausgangsbedingungen und Spielräume, die sich aus der Unterschiedlichkeit der verschiedenen Zulassungsarten und dem Grad der Bindung an Vorentscheidungen ergeben.

4.1 Gebundene Entscheidung

Handelt es sich um **immissionsschutzrechtliche Genehmigungen** oder um Baugenehmigungen von umweltgefährdenden Anlagen, die keiner besonderen immissionsschutzrechtlichen Genehmigung bedürfen, so scheitert ein Infragestellen des Standorts in der Regel daran, daß der private Unternehmer keine Zugriffsmöglichkeit auf mehr oder weniger beliebige, potentiell geeignete Standorte hat. Ist das Vorhaben UVP-pflichtig, so ist der frühestmögliche unmittelbare Ansatzpunkt für Aushandlungen das Scoping-Verfahren zur projektbezogenen UVP (vgl. den vorangegangenen Abschnitt). Diese Chance sollte unbedingt wahrgenommen werden, auch weil sich diese Vorstufe des eigentlichen Verfahrens hervorragend als Einstiegsphase eignet, in der sich die Verhandlungspartner abtasten können, bevor es richtig "zur Sache geht".

Auf eine derartige Vorphase muß aber auch ohne UVP nicht generell verzichtet werden. Es liegt ganz in der Hand des Antragstellers, bereits frühzeitig die potentiell Betroffenen bzw. Interessierten zu informieren und einen Mediationprozeß anzuregen und einzuleiten. Da private Unternehmer sehr häufig über die Dauer der behördlichen Genehmigungsverfahren im Immissionsschutzrecht klagen, sollten sie sich bereits in einem Stadium engagieren, in dem sie ihr Vorhaben noch nicht in sämtlichen Details durchgeplant haben. Nur unter dieser Voraussetzung können sie mit einer Erleichterung und Beschleunigung des gesamten Entscheidungs- und Realisierungsprozesses rechnen.

Legen sie es stattdessen darauf an, den Beteiligten eine weitgehend fertige Konzeption praktisch "zur Zustimmung" vorzulegen, so dürften sie in sachlicher Hinsicht erhebliche Probleme bekommen, eine Konsenslösung zu finden. Die für die Antragsteller unangenehme Folge wäre ein möglicherweise nicht unerheblicher Zeitverlust. Dies macht noch einmal deutlich, wie wichtig es ist, daß die Antragsteller echte

Diskussions- und Veränderungsbereitschaft zeigen müssen und nicht nur über Randprobleme zu sprechen bereit sein dürfen.

Auf der anderen Seite muß den übrigen Beteiligten deutlich vor Augen stehen, daß es im Streit über die Ansiedlung umweltgefährdender Anlagen nach Immissionsschutzrecht nicht um Fragen des Bedarfs, der umweltpolitischen Grundentscheidungen, der Industriepolitik oder der staatlichen Steuerung gehen kann: Der Antragsteller hat einen Anspruch auf die Realisierung seines Vorhabens, sofern es die gesetzlichen Voraussetzungen erfüllt.

Einerseits schränkt das den Verhandlungsspielraum im Vergleich zu Planfeststellungsverfahren zwar ein. Andererseits erhöht sich die Verhandlungsmacht der Betroffenen, denn sie haben mit dem Zwang zur Erfüllung der gesetzlichen Vorgaben ein wichtiges Druckmittel in der Hand. Dies gilt besonders, wenn Nachbarklagen möglich sein sollten. Da sich ein Antragsteller im Hinblick auf die schwierigen umwelttechnischen Probleme kaum von vornherein sicher sein kann, daß mit dem geplanten Projekt sämtliche Zulässigkeitskriterien erfüllt werden können, wird er in vielen Fällen gut daran tun, über die Immissionsschutzprobleme gegenüber den potentiellen Klägern Gesprächsbereitschaft zu zeigen.

Hinsichtlich der Initiierung, dem Ablauf und den Ergebnissen von Aushandlungsprozessen anläßlich von immissionsschutzrechtlichen Genehmigungsverfahren kann im übrigen auf die grundsätzlichen Ausführungen in Teil I. verwiesen werden.

Prinzipiell nicht weniger geeignet für Mediation sind **nachträgliche Anordnungen** nach § 17 bzw. § 24 Bundesimmissionsschutzgesetz. Hier ergibt sich allerdings der Unterschied, daß die Initiative für eine nachträgliche Anordnung meist von der Verwaltung oder den Nachbarn ausgeht. Somit richtet sich der Appell zur Anregung eines Mediationprozesses hier verstärkt an diese Seiten. Bevor sich die Nachbarn für eine gerichtliche Auseinandersetzung entscheiden, sollten sie sich auf den Verhandlungsweg begeben, der nicht nur ebenso erfolgversprechend sein kann, sondern vor allem auch Zeitgewinne und Kostenersparnisse verspricht.

Auch die Möglichkeit der Aushandlung aus Anlaß von **Baugenehmigungen** sollte nicht vernachlässigt werden. Ein Großteil der umweltbedeutsamen Anlagen (z. B. Lackiereien, chemische Reinigungen) unterfällt nicht der immissionsschutzrechtlichen Genehmigungspflicht, obwohl die von ihnen ausgelösten Nachbarschafts- und Umweltprobleme keineswegs nur unbedeutend sind. Für derartige Anlagen müssen lediglich Baugenehmigungen eingeholt werden, für deren Erteilung die Behörde auch Umweltschutzkriterien zu überprüfen hat. Zwar ist nicht von der Hand zu weisen, daß es in einer Vielzahl von Fällen keines aufwendigen Aushandlungsverfahrens bedarf. Aber es gibt durchaus streitige Fälle, in denen die Probleme durch Verhandlungen in einem – relativ kleinen – Kreis aus dem Weg geräumt werden könnten.

4.2 Planfeststellung

Im Falle von bevorstehenden **Planfeststellungsbeschlüssen** – im Abfall- und Verkehrsplanungsrecht – stellt sich die Lage zum Teil wesentlich anders dar:

In aller Regel werden auf vorgelagerten Planungsstufen Vorentscheidungen über den Standort bzw. die Trassenführung getroffen (so z. B. im Raumplanungsverfahren, bei der Linienbestimmung oder in Abfallentsorgungsplänen). Die Mediationprozesse sollten möglichst bereits auf die vorgelagerten Planungsstufen bezogen werden. Ist das der Fall, so ergibt sich für das spätere projektbezogene Verfahren das Problem, daß ein zumindest teilweiser Wechsel der Verhandlungsteilnehmer unumgänglich sein wird. So muß von vornherein die Notwendigkeit einer erneuten Konfliktanalyse und einer nachfolgenden Neubildung eines Mediation-Gremiums einkalkuliert werden. Da es in allen Phasen darauf ankommt, sämtliche relevanten Interessen zu beteiligen, gibt es keine Alternative zu einem derartigen Vorgehen. Eine Fortführung der Verhandlungen mit dem für die Vorentscheidung gebildeten überregionalen Gremium erscheint nicht sinnvoll. Allerdings kann der Übergang durch die frühzeitige Bildung von Regionalgruppen vorbereitet und erleichtert werden.

Ohne eine Einbeziehung der zu Beteiligenden in die vorgelagerten Entscheidungen wird es nur mit besonderen Bemühungen und nicht immer gelingen können, die Betroffenen und die kommunalen Instanzen vor Ort von der Richtigkeit der Vorentscheidung zu überzeugen. In einem solchen Fall besteht die Gefahr, daß das St.-Florians-Prinzip voll zur Entfaltung kommt und kaum aus dem Weg zu räumen sein wird. Doch selbst wenn dieses Problem nicht gänzlich unüberwindbar sein sollte, wird es außerordentliche Mühen kosten, die Betroffenen an den Verhandlungstisch zu bekommen, weil zu befürchten ist, daß sie aufgrund der wesentlichen Vorabentscheidungen sehr mißtrauisch geworden sind.

Anders als bei der immissionsschutzrechtlichen Genehmigung hat der Antragsteller im Planfeststellungsrecht keinen Anspruch auf die Erteilung des Planfeststellungsbeschlusses. Die Behörde trifft hier eine Abwägungsentscheidung, für die sie im Rahmen der planungsrechtlichen Gestaltungsfreiheit gewisse Spielräume besitzt. Grundvoraussetzung der Planfeststellung ist, daß sie mit dem Wohl der Allgemeinheit vereinbar und insoweit gerechtfertigt sein muß. Die Durchsetzung des jeweiligen Vorhabens muß sich dann im Abwägungsprozeß gegenüber den übrigen berührten öffentlichen und privaten Belangen als gewichtiger erweisen. Für die Verwaltungsentscheidung hat das zur Folge, daß die Verwaltung den Bedarf genau ermitteln und bewerten muß. Nichts anderes kann also für das Mediationverfahren gelten: Auch hier wird der Vorhabenträger den Bedarf zunächst in Frage stellen lassen müssen.

Sicherlich sind auch bestimmte Vorhaben denkbar, die von allen Beteiligten sehr schnell als gerechtfertigt angesehen werden. Aber die Praxis bei der Ansiedlung von Abfallentsorgungsanlagen und auch bei der Verkehrsplanung zeigt immer wieder, daß die Auffassungen gerade hinsichtlich des Bedarfs weit auseinandergehen. So ist es z. B. bei Konflikten um die Ansiedlung von Abfallentsorgungsanlagen typisch, daß die Betroffenen und die Umweltverbände der Ansicht sind, der behauptete "Bedarf" gründe sich allein darauf, daß keine konsequente Abfallvermeidungs- und Verwertungspolitik betrieben werde. Ähnlich wird im Verkehrsplanungsrecht argumentiert, eine Autobahn sei nur erforderlich, weil eine Politik der Förderung des Autoverkehrs betrieben werde.

Soll es trotz solcher grundlegender Zweifel an der Erforderlichkeit der jeweiligen Projekte erreicht werden, daß in produktive Aushandlungsgespräche eingetreten werden kann, so muß der Vorhabenträger bereit sein, auch die Frage des Bedarfs zum Gegenstand der Aushandlung zu machen. Es ist auch durchaus denkbar, daß sich aus der Aushandlung Modifikationen an dem ursprünglichen Projekt ergeben. So erscheint es z. B. bei ausreichender Gesprächsbereitschaft möglich, auf der Grundlage gemeinsam erarbeiteter Abfallvermeidungsstrategien eine Verkleinerung der Anlage zu vereinbaren oder aufgrund konzeptioneller Veränderungen in der regionalen Verkehrsentwicklungsplanung etwa zu einer geringeren Dimensionierung der neuen Straße oder gar zu einem Verzicht auf diese zu kommen. Ist der Vorhabenträger jedoch nicht bereit, über den Bedarf im Rahmen des Mediationverfahrens zu diskutieren, so steht er vor einem ähnlichen Problem wie bei einer nicht einvernehmlichen Vorabentscheidung über den Standort bzw. die Trasse: Er wird erhebliche Schwierigkeiten bekommen, einen konstruktiven Aushandlungsprozeß zu initiieren, weil die Verhandlungspartner kaum das Gefühl bekommen dürften, als gleichwertige Verhandlungspartner angesehen zu werden.

Im übrigen ergeben sich für Mediation aus Anlaß von Planfeststellungsbeschlüssen einige wesentliche rechtliche Besonderheiten hinsichtlich der Zulässigkeit und der Ausgestaltung des Mediationprozesses, auf die wir in Teil I., 6. ausführlich eingegangen sind.

4.3 Plangenehmigung

Vorstellbar ist der Einsatz von Mediation auch bei der **Plangenehmigung**. Dabei handelt es sich um ein Zulassungsverfahren für Vorhaben, für die an sich ein Planfeststellungsverfahren vorgeschrieben ist, auf das jedoch im Einzelfall wegen der geringen Bedeutung des Projekts verzichtet werden kann. In der Rechtsliteratur wird zum Teil vertreten, die Plangenehmigung sei eine Art "Tummelplatz für den Konfliktmittler" (so Ronellenfitsch in: Hoffmann-Riem/Schmidt-Aßmann: Konfliktbewältigung durch Verhandlungen, Band II, S. 204 ff.).

Sowohl das Abfallgesetz als auch die verschiedenen verkehrsrechtlichen Fachplanungsgesetze kennen das Instrument der Plangenehmigung, wobei sie im einzelnen gewisse Unterschiede in den jeweiligen Voraussetzungen vorsehen. Weiter als nach den bisherigen Gesetzen üblich soll der Anwendungsbereich der Plangenehmigung für Vorhaben nach dem neuen Verkehrswegeplanungsbeschleunigungsgesetz gezogen werden. Ob dies verfassungsrechtlich zulässig ist, ist jedoch zweifelhaft (eingehend Gaßner/Groth/Klinski: Kritik des Entwurfs zum Beschleunigungsgesetz, S. 57 ff.; sowie Klinski/Gaßner, NVwZ 1992, S. 236 ff.).

In allen Fällen hängt die Beurteilung, ob für ein Vorhaben auf das förmliche Planfeststellungsverfahren verzichtet werden kann, maßgeblich davon ab, inwieweit Rechte Privater beeinflußt werden oder nicht. Daneben sehen einige Fachplanungsgesetze vor, mit den Beteiligten entsprechende Vereinbarungen für einen Verzicht auf Planfeststellung treffen zu können. Darauf läuft z. B. auch die Regelung von § 7 Abs. 2 AbfG hinaus, nach dem die Plangenehmigung u. a. zulässig ist, wenn mit Einwendungen nicht zu rechnen ist. Damit stellt sich die Frage, ob ein erfolgreicher Aushandlungsprozeß nicht zu dem Ergebnis führen kann, daß anstelle des Planfeststellungsverfahrens das vereinfachte und kürzere Plangenehmigungsverfahren treten kann.

Zunächst ist zu bedenken, daß ein derartiges Vorgehen überhaupt nur denkbar ist, wenn die Zahl der im Rechtssinne Betroffenen sehr klein ist. Anderenfalls bestünde das Problem, daß eine kaum überschaubare Zahl von Personen – nämlich sämtliche Betroffenen – in die Verhandlungsvereinbarung einbezogen werden müßten.

Selbst in den Fällen, in denen nicht aufgrund der Zahl der Betroffenen von vornherein ausgeschlossen ist, daß auf die Planfeststellung verzichtet wird, wird der Aushandlungsprozeß jedoch mit einer schwer zu kalkulierenden Hypothek belastet: Er muß ein Ende gefunden haben, bevor das förmliche Verfahren eingeleitet werden kann.

Vor der endgültigen Festlegung des Verfahrenstypus durch die Behörde muß nämlich geklärt sein, ob die Voraussetzungen für den Verzicht auf eine Planfeststellung erfüllt sind. Damit wird das von uns favorisierte Nebeneinander von informellen und formellen Verfahren abgelöst durch ein zeitliches Hintereinander. Daraus kann sich insgesamt ein beträchtlicher Zeitverlust ergeben, weil im Falle eines Scheiterns des Aushandlungsverfahrens noch das förmliche Planfeststellungsverfahren angeschlossen werden muß. Vor dem Hintergrund dieses Risikos wird schon der Einstieg in einen Mediationprozeß nur schwerlich gelingen.

Nach der Entscheidung der Behörde für die Durchführung eines Plangenehmigungsverfahrens anstelle des Planfeststellungsverfahrens dürfte ein Aushandlungsprozeß ebenfalls nicht mehr in Betracht kommen, weil die Plangenehmigung zumindest das Vorabeinverständnis der Betroffenen voraussetzt, das erst am Ende des Aushandlungsprozesses stehen kann.

Aus alledem ergibt sich, daß wir in bezug auf den Anwendungsbereich für Mediation bei der Plangenehmigung eher skeptisch sind. Das heißt jedoch nicht, daß es sich nicht lohnen würde, im Einzelfall über die mögliche Kombination von Mediation und Plangenehmigungsverfahren nachzudenken. Interessant kann diese Kombination bei kleineren Vorhaben, insbesondere im Abfallrecht sein, bei denen keine oder nur wenige Betroffene und nur geringfügige Auswirkungen auf die Umwelt zu erwarten sind. Denn in derartigen Fällen ist vorstellbar, daß die

Beteiligten schon in wenigen frühen Verhandlungsrunden zu einer Grundentscheidung kommen, nach der mit Einwendungen nicht mehr zu rechnen ist.

4.4 Streitschlichtung im Zulassungsverfahren

Die amerikanischen Erfahrungen mit Mediation wurden zunächst im Bereich der Streitschlichtung gemacht. Dementsprechend wird in der deutschen Diskussion manchmal als Voraussetzung für einen Aushandlungsprozeß verlangt, es müsse ein festgefahrener Streit bestehen. Eine solche festgefahrene Konfliktsituation wird man regelmäßig spätestens dann vorfinden, wenn wieder einmal ein Erörterungstermin ohne greifbares Ergebnis geblieben ist und als für alle Beteiligten nervenaufreibendes, untaugliches Konfliktlösungsinstrument erkannt werden mußte.

Wir haben durchgängig aufgezeigt, daß wir das Prinzip der Frühzeitigkeit für eine der Grundvoraussetzungen eines erfolgreichen Mediationprozesses ansehen. Der Einsatz in fortgeschrittenen Verfahrensabschnitten, in denen bereits eine festgefahrene Konfliktstruktur vorzufinden ist, wird deshalb hier nur am Rande erwähnt.

Die Möglichkeiten, in laufenden Genehmigungs- oder Planfeststellungsverfahren einen erfolgreichen Aushandlungsprozeß zur Streitschlichtung zu inszenieren, düften entscheidend von der Einschätzung der Hauptbeteiligten abhängen, welche Aussichten sie mit einem nachfolgenden Gerichtsverfahren verbinden. Die Vorhabengegner werden sich die Frage vorlegen müssen, ob eine Verhinderung des Projekts auf dem Klageweg realistisch erscheint. Entsprechend wird der Vorhabenträger seine gerichtlichen Erfolgsaussichten überprüfen müssen. Diese Prognose wird regelmäßig positiv ausfallen, aber eine gerichtliche Auseinandersetzung wird gleichwohl mit langen Zeitverzögerungen verbunden sein, weil gerade bei größeren Vorhaben ein zwischenzeitlicher Baubeginn mit hohen politischen und finanziellen Risiken verbunden ist. Es dürften jedem einige Brückbauwerke in freier Landschaft vor Augen sein, die ohne Straßenanschluß geblieben sind, weil das Straßenbauvorhaben aus verschiedenen Gründen (noch) nicht verwirklicht worden ist.

Sicherlich wird man in dieser fortgeschrittenen Auseinandersetzungssituation nicht mehr ein vergleichsweise unbefangenes Herangehen an das Projekt erwarten können, wie dies für eine Reihe von Vorhaben bei frühzeitigem Einsetzen eines Aushandlungsprozesses erwartet werden darf. Aber bevor jahrelanger Stillstand einsetzt und alle Beteiligten wie gebannt auf eine gerichtliche Entscheidung blicken, sollten intensive Bemühungen zur Aufnahme eines Mediationprozesses unternommen werden. Niemand wird aber abstrakt voraussagen können, soweit von einer grundsätzlichen Kompromißfähigkeit des Konflikts ausgegangen werden kann, in welchen Fällen große Erfolgsaussichten oder nur geringe Chancen für eine konsensuale Lösung in Streitsituationen gegeben sind.

5. Mediation aus Anlaß der Sanierung von bewohnten Altlasten

In den vorangegangenen Abschnitten haben wir uns mit den verschiedenen Möglichkeiten des Einsatzes von Mediation aus Anlaß unterschiedlicher Zulassungsverfahren bzw. deren Vorstufen auseinandergesetzt. Das Instrument der mittlergestützten Aushandlung eignet sich jedoch, wie auch die amerikanischen Erfahrungen zeigen, nicht nur für Konflikte um die Ansiedlung von umweltbedeutsamen Projekten. Ein anders gearteter, gleichwohl aber typischer potentieller Anwendungsbereich liegt in den Auseinandersetzungen um die Sanierung von Altlasten in bewohnten Gebieten mit den vor Ort Betroffenen. Beispielhaft wird dies auch im nächstfolgenden Abschnitt (III.) anhand der Erfahrungen der Bielefelder Stadtverwaltung beschrieben.

Die Erkenntnis, auf oder in unmittelbarer Nachbarschaft einer "tickenden giftigen Zeitbombe" zu wohnen, bedeutet für die meisten Betroffenen eine erhebliche Umstellung ihres bisherigen Lebensrhythmuses. Psychologische Belastungen entstehen in erster Linie durch die Angst, daß aufgrund der Wohnsitution möglicherweise Krankheiten verursacht werden. Die Wohnqualität sinkt, und entsprechend fällt auch der Wert der beeinträchtigten Grundstücke. Die von den Altlasten ausgehenden Gesundheitsbelastungen bzw. Gefährdungen können so weit gehen, daß möglicherweise sogar ganze Wohngebiete wieder abgesiedelt werden müssen. Angesichts dieser einschneidenden Auswirkungen kann es nicht verwundern, daß es um die Konsequenzen aus dem Vorhandensein von Altlasten regelmäßig erhebliche, emotional erhitzte Spannungen zwischen den Betroffenen auf der einen und der zuständigen Behörde auf der anderen Seite gibt. In der Praxis sind Fälle, in denen die eigentlichen Verursacher bekannt sind, äußerst selten, so daß diese spezielle Problematik hier ausgespart bleiben kann.

Anhand von Fallstudien konnte ermittelt werden, daß bei den Auseinandersetzungen um die Sanierung von Altlasten typischerweise sechs Konfliktfelder auftreten (vgl. Discher/Kraus, S. 89 ff., 131 f.):

- Erstens wird über das Gefährdungspotential der auf dem Gelände gefundenen Stoffe gestritten. Dabei geht es insbesondere um die Bestimmung der Stoffkonzentrationen, bei der von einer Gefahr auszugehen ist, also um eine Fragestellung, die regelmäßig nur unter Hinzuziehung von Sachverständigen zu beantworten ist.

- Zweitens bestehen regelmäßig unterschiedliche Auffassungen über die Sanierungsziele. Strittig kann hier beispielsweise sein, in welcher Tiefe ein Bodenaustausch stattzufinden hat, welche Belastungsgrenzen noch zu akzeptieren sind oder ob eine Absiedlung vorgenommen werden muß.

- Drittens ergeben sich Streitigkeiten über die technische Durchführung der Sanierung, wie z. B. über die Zwischenlagerung des verseuchten Bodens, die anzuwendende Sanierungstechnologie und ähnliches.

- Viertens sind Konflikte über die Entschädigungsleistungen, die die Bewohner für die Wertminderung ihrer Häuser bzw. die Nutzungseinbußen erhalten sollen, zu beobachten.

- Fünftens ist die Auswahl der Gutachter und die Bewertung ihrer Arbeitsergebnisse häufig umstritten. Werden die Sachverständigen nicht von vornherein einvernehmlich ausgewählt, so steht sehr oft der Vorwurf von Gefälligkeitsgutachten im Raum.

- Sechstens ist auch die Bewertung des Verhaltens der verantwortlichen Behörden oft Gegenstand heftiger Auseinandersetzungen. Der Verwaltung wird fast regelmäßig Geheimniskrämerei, Verharmlosung und Verschleppung der Sanierungsmaßnahmen vorgeworfen.

Das vorsichtige und zögerliche Verhalten der Behörden in der Anfangsphase, d. h. wenn die ersten Verdachtsmomente für eine Gesundheitsgefährdung vorliegen, bildet meist das Fundament für ein sich immer weiter vertiefendes Mißtrauen der Betroffenen gegenüber den Behörden. Schafft es die Verwaltung nicht, in der Folgezeit eine offene Informationspolitik im Sinne einer "gläsernen Verwaltung" zu betreiben und die Betroffenen in den weiteren Entscheidungsprozeß einzubeziehen, so ist regelmäßig das Vertrauen der Bevölkerung in die Fähigkeit der Verwaltung, eine sachgerechte Sanierung einzuleiten, erschüttert. Kommt noch hinzu, daß die praktischen Möglichkeiten der Sanierung und der Entschädigung begrenzt sind, weil nicht genügend Finanzmittel zur Verfügung stehen, so erscheint eine einvernehmliche Konfliktlösung schnell aussichtslos. Um eine derartige unproduktive Zuspitzung der Auseinandersetzungen zu vermeiden, sollte sich die zuständige Behörde frühzeitig Überlegungen machen, ob sie sich zutraut, die Konflikte selbst bzw. in direkten Verhandlungen mit den Betroffenen zu lösen, oder ob es sinnvoll erscheint, einen Konfliktmittler einzuschalten. Je aufgeheizter die Atmosphäre und je größer das aufgestaute Mißtrauen gegenüber der Verwaltung, desto mehr spricht für den Einsatz eines neutralen Dritten.

Anders als bei der Frage der Zulassung von umweltgefährdenden Anlagen ist jedoch die Aufgabenstellung für den Konfliktmittlungsprozeß zu beschreiben: Grundsätzlich geht es hier um einen zweiseitigen Konflikt zwischen den Betroffenen und der Verwaltung, während es bei den Zulassungskonflikten um eine Art Dreiecksverhältnis zwischen dem Vorhabenträger, den Betroffenen und der Behörde geht. Die Interessenlage der Behörde ist von zwei wesentlichen Punkten beherrscht: einerseits von ihrer Pflicht, für gesunde Wohn- und Lebensverhältnisse zu sorgen und die notwendigen Maßnahmen dazu zu treffen, andererseits von ihren begrenzten Finanzmitteln. Aber auch die Interessenlage der Bevölkerung ist nicht eindimensional: Auch für sie stehen zwar die gesunden Wohn- und Lebensverhältnisse im Vordergrund, aber auch soziale und finanzielle Aspekte spielen bei den Betroffenen eine wesentliche Rolle, ebenso wie möglicherweise eine Abwehrhaltung gegen die drohende Forderung nach einem Wegzug aus der liebgewordenen Umgebung. Dieses Geflecht aus unterschiedlichen Interessenlagen, das sich in unterschiedlich sozialen Schichten im einzelnen sehr verschiedenen darstellen kann, zu entwirren, und eine adäquate Gesamtlösung zu finden, ist sicherlich keine einfachere Aufgabe als die Lösung eines Ansiedlungskonflikts. Die Aufgabe stellt hohe Anforderungen an die Vermittlung zwischen den Parteien.

Die Bedingungen für den Aushandlungsprozeß stellen sich gegenüber Zulassungskonflikten insofern günstiger dar, als der Zeitdruck nicht einseitig von dem Vorhabenträger ausgeht, sondern es vielmehr ein gemeinsames Bedürfnis aller Seiten gibt, das vorhandene Problem innerhalb möglichst kurzer Fristen zu lösen. Als günstig ist auch der Umstand zu bewerten, daß der konkrete Ablauf des Verhandlungsprozesses flexibler gestaltet werden kann, weil es weniger gesetzlich vorgegebene Zwangspunkte als in förmlichen Verwaltungsverfahren gibt. In aller Regel geht es um ordnungsrechtliche Maßnahmen der Gefahrenabwehr (nach abfall-, wasser-, oder polizeirechtlichen Vorschriften), die ins pflichtgemäße Ermessen der Behörden gesetzt sind. Innerhalb dieser Ermessensspielräume hat die Behörde die Möglichkeit, Verhandlungslösungen umzusetzen. Sie darf diese Ermessensspielräume lediglich nicht überschreiten, und der ausgehandelte Kompromiß darf auch im übrigen nicht in Widerspruch zu den allgemeinen verwaltungs- und verwaltungsverfahrensrechtlichen Regelungen stehen.

III. Aushandlungsansätze in der Praxis der Bielefelder Umweltverwaltung

Die Bielefelder Umweltverwaltung greift seit Jahren auf das Instrument der Verhandlungen zurück. Beispielsweise ist die Verhandlung, sprich das kooperative Verwaltungshandeln, ein konstitutiver Bestandteil der Arbeit der unteren Wasserbehörde. Mit Dutzenden von betroffenen Abwassererzeugern, erwiesenen oder vermeindlichen Grundwasserverschmutzern u. a. wurde der Weg des Aushandelns von technischen Auflagen gemeinsam gegangen. Heute kann festgestellt werden, daß dieser Weg zu großen Erfolgen geführt hat (siehe 1, 2).

Man muß aber auch erkennen, daß das konsensuale Verwaltungshandeln für definierte Fallkonstellationen seine Nachteile hat. So gibt es gerade im Umgang mit betroffenen Wirtschaftskreisen einige Personengruppen, die diesen Behördenstil ausnutzen bzw. kooperatives Vorgehen falsch verstehen. Dies hat dazu geführt, daß in der letzten Zeit auch wieder das Einmaleins der Ordnungsbehörde ausgepackt werden mußte. Die Kunst des Verwaltungsvollzugs liegt in **einem gelungenen Mix** von kooperativen Verwaltungshandeln und hoheitlichem Verwaltungsverfahren.

Es gibt auf dem Feld des Verhandelns Höhepunkte und Enttäuschungen. Kaum ein Fall ist wie der andere. Im folgenden soll eine kleine Auswahl prägnanter Beispiele skizziert werden, die die eingangs dargestellten Thesen illustrieren. Dabei ist einzuräumen, daß die Umweltverwaltung nicht ein definiertes Ziel "Mediation" vor Augen hatte. Vielmehr versuchte sie, die Varianten ihrer Handlungsformen im Sinne einer konsensorientierten Verwaltungspraxis zu erweitern. Sie unternahm erste Schritte auf diesem Weg, weshalb die folgenden Beispiele nicht für ein relativ ausgefeiltes Mediationmodell stehen können. Zum Teil wurden nur wenige Elemente des Mediationgedankens realisiert. Aufgabe der Beispiele ist es also, den Weg einer Verwaltung zur Annährung an Mediation zu beschreiben.

1. Altlast Schlammdeponie Bielefeld-Brake

Die erste große Bewährungsprobe für einen neuen Handlungsansatz im Selbstverständnis der Verwaltung war die Auseinandersetzung um die Sanierung der damals weit über die Grenzen Bielefelds bekannte Altlast im Stadtteil Brake. Die Schlammdeponie in Bielefeld-Brake war nicht nur eine Altlast im technischen Sinne, sie war auch eine politische Altlast mit überaus festgefahrenen Fronten. Die Verwaltung hatte sich schon früh in der Wahrnehmung der betroffenen Bürgerschaft um ihre Glaubwürdigkeit gebracht. Doch mit Hilfe des neuen Aushandlungs-Ansatzes konnte ein produktiver Prozeß eingeleitet werden. Die folgende Übersicht beschreibt das Vorgehen:

---

1. Altlast Schlammdeponie Bielefeld-Brake

Ausgangslage:

A: Absolutes Mißtrauen gegen jedwede städtische oder staatliche Äußerung

B: gemeinsames Konsens-Interesse an Sanierung

Vorgehen:

1. Neuer Anfang mit neuen Personen in der Verwaltung
2. Entscheidungsbefugte Verhandlungsgruppe mit Parität der Interessenvertreter (Prinzip Mandatsträger)
3. Bestellung eines allseits akzeptierten Mittlers
4. Sachbeistand für BürgerInnen
5. Gemeinsamer Planungsprozeß

Das wesentliche an diesem auf Konsens ausgerichteten Prozeß war der Wille zu einer von allen Seiten getragenen Sanierung. Es wurde daher, angefangen mit der Auswahl des planenden Ingenieurbüros und der Nebengutachter bis hin zur Sanierungsplanung und Bauausführung, alles gemeinsam erörtert und entschieden.

Der Zwang zur Gemeinsamkeit folgte aus der Struktur der "Arbeitsgruppe Brake". Diese war einerseits entscheidungsbefugt, was das Sanierungsvorhaben anbelangt, andererseits gleichberechtigt zwischen den verschiedenen Interessengruppen besetzt. Insbesondere wurde sichergestellt, daß der Sanierungsträger Stadt Bielefeld ohne die "andere Seite" in der Arbeitsgruppe keine Mehrheitsentscheidung hinbekommen konnte. Verstärkt wurde diese Struktur durch das Agieren des Mittlers, der mit sehr viel Umsicht, Geduld und Geschick die Verhandlungen leitete und auf einvernehmliche Entscheidungen orientierte.

Besonders positiv im Prozeß der Entscheidungsfindung hat sich das Institut des Sachbeistands erwiesen: Den Interessengemeinschaften wurde von der Stadt ein Sachbeistand finanziert, der im wesentlichen die Aufgabe hatte, die Verwaltungsvorschläge kritisch zu begutachten. Da es sich aber bei diesem Büro um eine seriöse Einrichtung handelte, dies war der entscheidende Punkt bei diesem Modell, entwickelte sich der "Gegengutachter" im Rahmen des gesamten Planungs- und Sanierungsprozesses zur entscheidenden Kommunikationsbrücke und Clearingstelle zwischen allen Interessenskreisen. Die Verwaltung hat das Experiment mit einem Gegengutachter nicht ohne innere und äußere Bedenken und eigene Bauchschmerzen zum ersten Mal ausprobiert. Sie war davon so positiv beeindruckt, daß mit der "Methode des strukturellen Dissens" in einem konsensualen Prozeß auch in anderen Problemlagen weiter experimentiert wurde.

Mittlerweile ist die Altlast Brake saniert (oder gesichert, wie die Bürgerinitiative formuliert). Die Kosten von 25 Mio. DM lagen nicht wesentlich über dem, was auch an anderer Stelle für ökologisch/politische Altlasten zu investieren war. Da für Altlastensanierungen angepaßte genehmigungsrechtliche Vorschriften fehlen, mußte ein sehr kompliziertes Bauleitplanverfahren durchgeführt werden, um die Sanierungsgenehmigung zu erhalten. Es ist aber gelungen, innerhalb von zwei Jahren die notwendigen Sanierungsbebauungspläne einschließlich der erforderlichen Baugenehmigungen ohne Bürgereinspruch rechtskräftig abzuschließen.

2. Siedlungsgebiet Hagenkamp

Das Siedlungsgebiet Hagenkamp war eine Altlast ganz besonderer Art. Nach dem zweiten Weltkrieg wurden die in Bielefeld "angekommenen" Vertriebenen außerhalb der Stadt auf einem größeren Gelände in der Nähe der zentralen Kläranlage angesiedelt. Dieses Gelände hatte ursprünglich als Rieselfeld für die Abwässer gedient. Da Bielefeld schon relativ früh eines der wichtigsten metallverarbeitenden Zentren Deutschlands war, kann man sich unschwer vorstellen, wie die Schadstoffbelastung dieses Geländes beschaffen war. Als die Stadtverwaltung 1987 dann etwa 2.000 dort lebenden Bürgern diese Hiobsbotschaft offenbaren mußte, gingen – wie man sich wiederum unschwer vorstellen kann – die Emotionen am Hagenkamp hoch.

Die folgende Übersicht zeigt, wie versucht wurde, gestärkt durch die positiven Erfahrungen aus dem Fall Brake, eine konsensuale Entscheidungsfindung zu ermöglichen:

2. Siedlungsgebiet Hagenkamp

Ausgangslage:

A: Unklare Grenzen der Sanierungsnotwendigkeiten
B: Gemeinsames Interesse an der Sanierung
C: Sehr heterogene Interessenlage
D: Direkt Betroffene auf einem Grundstück

Vorgehen:

1. Gründung einer Interessengemeinschaft (IG)
2. Übertragung von Clearingfunktionen und Mediationaufgaben auf IG
3. Übertragung von Kontrollfunktionen auf IG

Der Hagenkampfall war strukturell, im Unterschied zu Brake, durch eine sehr differenzierte Interessenlage gekennzeichnet. Die angedachte Sanierung, der Bodenaustausch, fand quasi im unmittelbaren Lebensbereich der Menschen statt. Kein Wunder also, daß es ein sehr weites Spektrum von Willensbekundung gab, die von: "Muß das in meinem Alter noch sein?", bis hin zum: "Warum nur 1 Meter tief austauschen?" ging. In dieser Situation, wo zum Teil schon Unstimmigkeiten drohten, weil die liebgewordenen Vorgartenpflanzen in Gefahr waren, war eine Lösung gar nicht mehr anders denkbar, als daß die Bürgerschaft das latent vorhandene Konfliktpotential untereinander auszugleichen versuchte.

In diesem Sinne hat die Stadtverwaltung zunächst einen Sachbeistand für die Bürgerseite institutionalisiert. Weiter hat sie alle Anstrengungen unternommen, um die Interessengemeinschaft (IG) zusammenzuführen. Nachdem die IG ihren Vorstand gewählt hatte, hat die Verwaltung sehr konsequent mit bzw. über den Vorstand ihre Sanierungsabsichten vorangetrieben. Alle Sanierungsentscheidungen wurden abgestimmt. Mit dem Fortschritt der Sanierungsplanung, Genehmigung und Abwicklung wurde der Vorstand immer stärker in die Verantwortung des Gesamtprojekts eingebunden. Dies ging soweit, daß für die "Streitfälle des Alltags" der Vorstand Schiedsfunktionen wahrnehmen mußte. Die zum Teil komplexen und schwer verständlichen Verwaltungsabläufe und politischen Entscheidungsverwirrungen wurden vom Vorstand der IG in der Bürgerschaft weitergegeben. Selbst Organisationsarbeiten, wie die Koordination von Baumaßnahmen oder die Anberaumung spezieller Termine und Beratungsgespräche, wurden der IG übertragen. Die wichtigen politischen Entscheidungen wurden, soweit die Verwaltung gefordert war, nur in Anwesenheit des Vorstands diskutiert.

Mittlerweile ist der technisch sehr schwierige Bodenaustausch am Hagenkamp für knapp 10 Mio. DM abgeschlossen worden. Das gesamte Sanierungsvorhaben konnte ohne großen Streit abgewickelt werden, so daß auch der Fall Hagenkamp als gelungenes Beispiel für konsensuales Verwaltungshandeln angesehen werden kann.

3. Altlast Altdeponie Eckendorfer Straße

Auch im Fall der Altdeponie Eckendorfer Straße war ursprünglich geplant, mittels des "Mediation-Erfahrungsschatzes" vorzugehen. Die in der folgenden Tabelle dokumentierten Belastungswerte illustrieren, daß sowohl für den Park- und Spielplatzbereich als auch für das Kleingartengelände eine vordringliche Sanierungsnotwendigkeit gegeben war.

Maximale Schwermetallbelastungen (mg/kg) auf der Oberfläche der Altdeponie Eckendorfer Straße, Anzahl der Beprobungen = 30 und 10, Vergleichswerte: Bodengrenzwerte nach Klärschlammverordnung, ng = nicht gemessen

Erdtiefe cm	Schrebergarten				Spielplatz			
	Cr	Ni	Cd	Pb	Cr	Ni	Cd	Pb
0-50	229	1070	5	288	37	97	1,6	1020
50-100	2535	2490	14	2880	ng	ng	ng	ng
KlärschV	100	50	3	100	100	50	3	100

Obwohl mit den erprobten Mediationtechniken opertiert wurde (Konfliktanalyse, Konsensplanung, Suche eines Mittlers, Bürgerversammlung, etc.) konnte keine funktionsfähige Interessengemeinschaft "angeregt" werden. Im Gegenteil, es bildeten sich einzelne "Widerstandsgruppen", die eine Sanierung kategorisch ablehnten. Die Stadtverwaltung hätte zu diesem Zeitpunkt sicherlich das Sanierungsvorhaben abgebrochen, wenn nicht die detaillierten Untersuchungen gezeigt hätten, daß das Deponieinventar zum Teil in weniger als zwei Spatentiefen **pur** vorhanden gewesen wäre, es sich also um eine sehr gefährliche Altlast handelte.

Da sich der Widerstand gegen die Sanierung zu verfestigen begann, hat die Verwaltung nach der Methode: "spalte und beherrsche" die Sanierung des Geländes in der Folgezeit hoheitlich durchgesetzt. Anlieger, die sich kooperativ verhielten, wurden z. B. bevorzugt mit einem Ersatzkleingarten belohnt. Die folgende Übersicht zeigt die Problemlage schematisch:

3. Altdeponie Eckendorfer Straße

Ausgangslage:

A: Sehr gefährliche Altlast
B: Sozialer Wohnungsbau/Mietwohnungen
C: Alte Kleingarten-Siedlung
D: Kein interesse an Sanierung, eher Gegenteil

Vorgehen:

1. "Preußischer Weg", hoheitliche Entscheidung
2. Umsiedlungsangebote zwecks Aufbrechen der Verweigerungsfront der Kleingärter

Die Sanierung ist mittlerweile abgeschlossen, hat etwa 8 Mio. DM gekostet und verlief auch ohne große Irritationen.

Das Mißlingen dieses Akts konsensualer Verwaltungspraxis hat aus heutiger Sicht im wesentlichen zwei Ursachen:

1. Zum einen war die Sozialstruktur der betroffenen Bürger grundsätzlich anders, verglichen mit den Fällen Brake und Hagenkamp. An der Eckendorfer Straße handelte es sich einerseits um Kleingärtner, die – zum Teil deutlich – die Pensionsgrenze überschritten hatten

und ihren Lebensabend in der angestammten Atmosphäre verbringen wollten. Der andere Teil der Betroffenen bestand im wesentlichen aus den Anliegern und Parkbenutzern, die als Mieter anscheinend anders reagieren, als es Grundbesitzer von Eigenheimen tun.

2. Zum anderen hat die Verwaltung den Paradigmenwechsel damals nicht nachvollziehen können. Bis dato forderten die Bürger eine Problemlösung durch Sanierung. Dazu konnte Mediation gut nutzbar gemacht werden. Nun stellten sich die Betroffenen größtenteils gegen die Problemlösung durch Sanierung. Es mag heute etwas trivial klingen, aber den Entscheidungsträgern ist damals nicht bewußt geworden, daß auch die Ausgangslage an der Eckendorfer Straße konsensualem Verwaltungshandeln – trotz einer ganz anderen Problemstruktur – zugänglich sein würde. Die Verwaltung begab sich zu schnell auf den vermeintlich besseren Weg der hoheitlichen Durchsetzung.

Zusammenfassend kann man sagen, daß sich die Verwaltung unter dem Blickwinkel des hier gestellten Themas zwar um Einvernehmen bemüht, aber verwaltungstechnisch durchaus nicht mit Ruhm bekleckert hat.

4. "Sonderdeponie" Herford-Laar

Die Stadt Bielefeld und der Kreis Herford benötigen für ihre Wirtschaft und für die Reststoffe aus den vorhandenen Recycling- und Entsorgungsanlagen eine Deponie. Die gegenwärtig betriebene Reststoffdeponie wird aller Voraussicht Mitte der 90er Jahre verfüllt sein. Daher suchen die beiden Gebietskörperschaften schon seit geraumer Zeit eine Nachfolgedeponie. Was für die Verwaltung eine notwendige Folgeerscheinung der Wirtschaftsstandorte Bielefeld und Herford ist, nennen die betroffenen Bürger die größte Abfalldeponie aller Zeiten ("Mammutdeponie" oder auch " Depo Nie").

Man muß als Ausgangspunkt der Konfliktlage einräumen, daß es bei Übernahme des Projekts Mitte der 80er Jahre durch die neu strukturierte Umweltverwaltung nicht mehr möglich war, den Standortfindungsprozeß neu mit Hilfe der skizzierten konsensualen Mediationstechniken aufzurollen. Daher waren die Möglichkeiten, zwischen den betroffenen Bürgern und den Betreibern der Planungen am Standort, Verhandlungslösungen und offenes Verwaltungshandeln zu erreichen, begrenzt. Dieser Konflikt wurde verschärft, weil die Stadt nach erfolgtem Grundstückskauf auf Wunsch bzw. Druck der Bürgerinitiative die Standortentscheidung erneut gutachterlich prüfen ließ. Denn das Ergebnis bestätigte die lange Zeit vorher getroffene Standortentscheidung.

Die Stadt war nun höchstgutachterlich auf den Standort festgelegt, aber die Bürger griffen die von ihnen geforderte Untersuchung mit dem überzeugenden Argument an: Was kann denn schon bei einem Gutachten herauskommen, wenn der Standort schon für 45 Mio. DM gekauft ist? Diese kleine Randbemerkung soll zweierlei verdeutlichen:

1. Die gewichtigsten Fehler des Mediationprozesses werden am Anfang gemacht.

2. Gerade für Standortfragen ist es erforderlich, zu einem möglichst frühzeitigem Zeitpunkt die potentiellen Einwender einzubeziehen.

Im Rahmen der dennoch aufrichtigen Bemühungen, zumindest den Rest des Verfahrens mit den erworbenen Erfahrungen konsensualer Verwaltungspraxis abzuwickeln, wurde die Verwaltung natürlich mit der eingangs zitierten These konfrontiert, daß die Erfolgsaussichten eines Verhandlungsprozesses auch davon abhängen, welche Verhandlungsmasse man einbringt. Da die Verhandlungsmasse offensichtlich gering war, war auch der Erfolg begrenzt.

Dennoch waren die Ergebnisse so bemerkenswert, daß sie kurz dargestellt werden sollten:

4. Sonderdeponie Herford-Laar

Ausgangslage:
A. kein absolutes Mißtrauen gegenüber Umweltverwaltung
B: kein Konsens im Grundsatz möglich
C: Objekt soll gebaut werden

Vorgehen:
1. hoher technischer Standard durch Verhandlung
2. offener Planungsprozeß mit BI-Beteiligung in der Vorphase
3. danach Beibehaltung der Kommunikationsfähigkeit
4. **gegenseitige** Akzeptanz der Interessen- und Rollenlagen
5. **gegenseitige** Akzeptanz für das engagierte Eintreten für die jeweilige Rolle
6. Offenhalten informeller "Trittsteine"

Zunächst bemühte man sich, den Planungsprozeß so offen zu gestalten, daß auch seitens der betroffenen Bürger Anregungen und Bedenken eingebracht werden konnten. Die Einbeziehung der Bürgerinitiative war insbesondere in der ersten Phase relativ erfolgreich, und eine ganze Reihe von Aspekten und Kritikpunkten konnte Eingang in die Planung finden.

Im weiteren wurde im Fall Deponie Herford-Laar ein neues Instrument ausprobiert: der advocatus diaboli. Der advocatus diaboli war in dieser Konstellation nicht Gutachter einer Seite, sondern ein zweiter Planungsträger. Aufgabe dieses Büros war es, die Planungen des eigentlichen Planers kritsch zu prüfen. Er hatte also lediglich die Aufgabe, die Schwachstellen der Planung aufzudecken. In dieser Funktion war er natürlich sehr stark auch auf der Seite bzw. in Kontakt mit den Bürgerinitiativen. Diese Rolle wurde auch zugelassen, obwohl darin nicht die eigentliche Aufgabe des Büros lag.

Die Erfahrungen mit diesem Instrument waren positiv, wobei aber auch bemerkbar war, daß sich sowohl der Planer aber auch der Kontrollplaner nicht besonders wohl in ihrer jeweiligen Rolle gefühlt haben. Als Schwachstelle dieses Instruments ist zu sehen, daß die Bereitschaft zum Streit gewisse "berufsständische" Grenzen hat. Daher hängt auch sehr viel von den jeweils handelnden Personen ab. Dennoch ist der Erkenntnisgewinn der Betroffenen durch dieses Instrument sehr hoch und bei kostenintensiven Projekten durchaus auch wirtschaftlich vertretbar (der Kontrollplaner kostet etwa 10 bis 15 % der Finanzmittel, die dem Planer zu zahlen sind).

Mit dem weiteren Planungsfortschritt kam auch der Zeitpunkt der offiziellen Antragstellung näher. Je näher dieser Zeitpunkt kam, desto weniger waren die BIs bereit, sich noch in den Planungsprozeß aktiv einzubringen. Die Stimmen innerhalb der Initiativen wurden lauter, die diesen Planungsprozeß als Vorabklärung von potentiellen Einwänden und Bedenken, als Verschießen von Munition ansahen. Kurz vor Antragstellung stiegen die BIs gänzlich aus.

In der Tat muß man aus heutiger Sicht sagen, daß die Planer von dieser ersten Phase der Bürgerbeteiligung sehr stark profitiert haben. In gewissem Sinne wurde die Planung durch die kritische Bürgerbeteiligung optimiert. Die BIs haben, dies schlägt wiederum auf Einwenderseite positiv zu Buche, den Standard der Anlage hochgeschraubt, so daß eine der technisch sichersten Anlagen durchgeplant wurde.

Nach Antragstellung und Veröffentlichung mobilisierten die Bürger und organisierten, neben einer eher mäßigen Demonstration, immerhin über 4.000 schriftliche Einwendungen, deren Bearbeitung knapp ein Jahr Zeit kostete.

Der Erörterungstermin ist für Ende 1992 anvisiert, mit der Planfeststellung ist Anfang 1993 zu rechnen. Gegenwärtig bemüht sich die Stadt durch Aufrechterhaltung informeller Kanäle für den Zeitraum nach der Inbetriebnahme eine Atmosphäre zu sichern, die ein "Zusammenkommen" erlaubt. Daß dies nicht unwichtig ist, zeigt der nächste Fall.

5. Müllverbrennungsanlage Bielefeld-Herford

Unstrittig ist – bei aller Unzulänglichkeit des gegenwärtigen Erfahrungsschatzes zum konsensualen Verwaltungshandeln -, daß die angedachten Instrumente sich nicht zur Bewältigung von "gesellschaftsspaltenden Konflikten" eignen. Ob die Müllverbrennung in diese Kategorie der gesellschaftsspaltenden Wertkonflikte gehört, ist wohl noch nicht entschieden. Es ist allerdings berechtigt, sie in den Grenzbereich bzw. in die Übergangszone zu dieser Kategorie einzustufen.

Versuche zu konsensualem Verwaltungshandeln auf dem Sektor Müllverbrennung gehören deshalb ebenfalls zu den Grenzbereichen. Pointiert formuliert: Sie gehören zu den "Härtetestfällen" für dieses neue Verwaltungsvorgehen.

Die Müllverbrennungsanlage Bielefeld-Herford GmbH wurde vor zehn Jahren gebaut. Seit ihrer Inbetriebnahme ist sie die zentrale Stütze der Abfallentsorgung für über eine halbe Million Menschen einschließlich der ortsansässigen Betriebe. Trotz dieser eigentlich sehr positiv zu bewertenden Leistungsbilanz ist das Image der Anlage (einschließlich der Betreiber) negativ. Man kann mit Fug und Recht sagen, daß die MVA mit ihren drei weithin sichtbaren Schornsteinen in der Region als die Inkarnation von Umweltverschmutzung schlechthin angesehen wird.

Kein Wunder also, daß sich am Standort der Anlage gleich mehrere engagiert agierende Bürgerinitiativen gegen die MVA gebildet haben. Unterstützt wurde diese Bestrebung durch eine Ärzteinitiative, stadtbekannte Einzelpersonen und die ortsansässige Wohnungsbaugesellschaft. Auf dem Höhepunkt des Konflikts waren Demonstrationen, Be-

120

triebsbesetzungen, Strafanzeigen und politische Angriffe an der Tagesordnung. Die psychische Belastung für die Verwaltung, aber auch für die Belegschaft, waren extrem. Innerhalb des Bielefelder Rats schien der Tag nicht mehr fern, wo der Antrag auf Abschalten der Anlage eine Mehrheit bekommen würde.

In dieser prekären Lage, die auch den Ausgang der Kommunalwahl Ende 1984 stark beeinflußt hatte, entschlossen sich die zuständigen Gremien, die MVA für über 100 Mio. DM umweltmäßig zu ertüchtigen. Wider Erwarten führte diese aus Umweltschutzsicht zu begrüßende Entscheidung zu einer weiteren Polarisierung. Hinter den Nachrüstungsbestrebungen wurden von einem Teil der Bürgerinitiativen heimliche Erweiterungsabsichten vermutet. Andere Kräfte sahen in der Nachrüstung der MVA die Zementierung der Lage. Auch fundamentalistische Bestrebungen paarten sich mit dieser Gemengelage (nur eine schlechte MVA sei eine "gute" MVA, ein guter Gegner). Folglich liefen die Bürgerinnen und Bürger Sturm gegen die geplante Ertüchtigung der MVA. Damit war klar, daß die Konfliktlage weder durch technische Entscheidungen noch durch Verwaltungsakte oder durch politische Aktivitäten zu bewältigen war. Die Verwaltung hat daher 1986/87 den Schritt gewagt, einen eigenständigen Vermittlungsversuch zu starten. Diesem Vermittlungsversuch ging allerdings die Frage voran, ob es eine bessere Alternative zur Müllverbrennung als Technik gibt und ob die Anlage entbehrlich ist. Hierzu wurden zwei Gutachtergruppen beauftragt, die einerseits aus dem etablierten Lager kamen und andererseits aus dem Umfeld der Bürgerinitiativen bzw. Ökoinstute stammten. Es war für den dargestellten Konflikt eine entscheidende Weichenstellung, daß keiner der Wissenschaftler das Abschalten der MVA für machbar bzw. vorteilhaft ansah.

Zur Einleitung des Verhandlungsprozesses wurde eine offene Arbeitsgruppe zwischen Verwaltung, Betreiber und Bürgerinitiativen eingesetzt, die mit entscheidungskompetenten Vertretern besetzt wurde. Weiter wurde verwaltungsintern durchgesetzt, daß das Prinzip der vollständigen Informationsweitergabe Grundlage der Zusammenarbeit wurde. Die Sitzungen der Arbeitsgruppe sollten prinzipiell öffentlich sein, was nicht immer von Vorteil war.

Die ersten Sitzungen, bei denen bis zu 100 Menschen teilnahmen, verliefen sehr kontrovers und hatten teilweise Tribunal-Charakter. Die Presse berichtete aber durchaus fair. In der Folgezeit ergab sich ein stärkerer Verhandlungsdruck, weil die Nachrüstung für den ersten

Bauabschnitt ins Genehmigungsverfahren kam. Sobald sich die Verhandlungen stärker auf die anstehenden technischen Aspekte konzentrieren mußten, ließen sich in den Verhandlungen Konsensinseln herausoperieren. So war seitens der großen Mehrheit der handelnden MVA-Gegner zwar die grundlegende Ablehnung gegenüber dem Standort und der Technologie nicht verhandelbar, aber das Interesse an optimaler Technologie und frühzeitiger Entlastung der Umwelt durchaus konsensfähig.

In dieser Phase erwies sich als Handicap, daß zwar bereits rudimentäres Vertrauen erarbeitet war, aber die komplexen technischen Sachverhalte von seiten der Bürgerinnen und Bürger nicht vollständig durchschaut und nachvollzogen werden konnten. Dabei soll nicht geleugnet werden, daß dieser Sachverhalt auf seiten der Verwaltung "strategische Verlockungen" wachrief. Auch dies blieb der Einwenderseite aber nicht verborgen. Die Fronten drohten sich wieder zu verhärten.

In dieser Phase gingen beide Seiten ein Experiment ein: Um stärkere Machtgleichheit herzustellen, wurde der Bürgerseite ein Sachbeistand ihres Vertrauens finanziert. An dieser Stelle sei angedeutet, daß dieser Schritt intern und auch beim Hausplaner der MVA gewisse Eruptionen hervorrief.

Die Auswahl des "bürgereignen" Gutachterbüros fand lediglich auf Basis seines Bekanntheitsgrades und der vermuteten Interessengleichheit statt. Das Ergebnis war, wissenschaftlich gesehen, nicht voll befriedigend – überraschenderweise für beide Seiten. In der Kontroverse über das Gutacherergebnis ergaben sich aber ganz neue Kommunikationsebenen und Entscheidungsalternativen, die den Bürgerinnen und Bürgern eine weitere Emissionssenkung in Aussicht stellten und der MVA eine Fehlinvestition von etwa 30 bis 50 Mio. DM ersparten. Dieser für die Betreiber der MVA glückliche Aspekt stellte sich aber erst zwei Jahre später heraus, als die 17. BImSchV den Grenzwert für Dioxine auf 0,1 ng TE/m^3 festlegte und die katalytischen Verfahren zur Entstickung und oxidativen Dioxin-Zerstörung ihre Leistungsfähigkeit unter Beweis gestellt hatten.

In der Folgezeit hatten beide Seiten das Experiment des Einwender-Gutachtens weiter optimiert. Die Ergebnisse waren so positiv, daß sie heute zum ständigen Repertoire der Verhandlungsführung der Bielefelder Verwaltung geworden sind. Auch seitens des Betreibers war zu beobachten, daß die qualifizierten Einwendergutachten einen zunehmenden technischen Reiz bekamen, um die eigenen Vorstellungen auf den Prüfstand gestellt zu bekommen.

Der Erörterungstermin für die Nachrüstung verlief dennoch erwartungsgemäß kontovers, wobei die Erfahrungen mit der Arbeitsgruppe auch diese Veranstaltung beeinflußten. So kam es nach zwölfstündiger, zum Teil hitziger Rede und Gegenrede zu der für Verwaltungshandeln sicherlich unüblichen Situation, daß um ein Uhr nachts ein partieller Konsens erreicht werden konnte. Dabei trat die bizare Situation ein, daß sich Antragsteller (MVA) und Einwender (BIs) auf ein Paket verständigen wollten, daß die Zulassungsbehörde nicht nachvollziehen wollte. Das Regierungspräsidium lehnte eine Festlegung von Grenzwerten, die über die Anforderungen das Bundes-Immissionsschutzgesetz hinausgehen sollten, ab, weil man die Beispielswirkung für andere Verfahren fürchtete.

Mit dem Bescheid zum ersten Bauabschnitt war die Aufgabe der Arbeitsgruppe allerdings noch nicht abgeschlossen, da mittlerweile wegen novellierte Rechtsvorschriften weitere Nachrüstungen erforderlich wurden. Da neben der reinen umweltschutzmäßigen Ertüchtigung auch andere Themenbereiche in die Arbeit mit integriert werden mußten (Arbeitsschutz, Anlieferungskontrolle, Vermeidung und Verwertung), entwickelte sich die Arbeitsgruppe zur öffentlich anerkannten, regelmäßig tagenden Clearing-Stelle des "permanenten Konflikts".

Ausgehend von den einmal gefundenen Konsensinseln (z. B. dem einwandfreien Betrieb der Anlage) entwickelte sich der ursprüngliche Informationskreis zum Entscheidungsgremium. Da der Arbeitskreis ein sehr hohes Ansehen in der Bevölkerung genoß, war es kaum möglich, seitens der Geschäftsleitung der MVA Umweltschutzprojekte durchzuziehen, die auf grundlegende Ablehnung seitens der BIs bzw. des Arbeitskreises stießen. So konnte **gemeinsam** ein sehr hoher Nachrüstungsstandard für die umweltschutzmäßige Ertüchtigung der MVA durchgesetzt werden.

Ein erfolgreiches Projekt wird nicht von einer gewissen Eigendynamik verschont bleiben. Nach längerer interner Diskussion haben die Bürgerinnen und Bürger Forderungen erhoben, den gemeinsam erarbeiteten status quo auch abgesichert zu bekommen. Über ein Jahr lang wurde über einen derartigen Vertrag verhandelt. Bis heute ist nicht abschließend zu klären gewesen, ob dieses Paragraphenwerk privatrechtlicher oder öffentlich-rechtlicher Natur ist. Nicht zuletzt aus symbolischen Gründen hat man sich dazu durchgerungen, diesen Vertrag als privatrechtliche Ergänzung der öffentlich-rechtlichen Planfeststellung zu sehen. Die folgende Übersicht zeigt die wesentlichen Vertragsinhalte (siehe hierzu auch III., 6. Anhang: Der Bielefelder MVA-Vertrag):

Vertrag MVA

1. Dynamischer Stand der Technik
2. keine Ausweitung von Einzugsgebiet und Kapazitäten
3. Freedom of Information
4. Monitoring
5. Sachbeistand für BI
6. im Streitfall Schiedsverfahren

Das Instrument des Vertrages ist sicherlich für definierte Konstellationen ein Königsweg. Der zwischen BIs und Geschäftsleitung ausgehandelte Vertrag enthält insbesondere in seiner Schiedsklausel eine bemerkenswerte Regelung. So unterwerfen sich beide Seiten, wenn ein Schiedsverfahren nicht zu einem Konsens führt, dem Umweltbundesamt als neutralen Dritten. Sicherlich ist das auch ein Kompliment an diese Bundesbehörde, die sich dankenswerterweise bereit erklärt hatte, das Experiment ebenfalls mitzutragen.

Wenn heute Stimmen laut werden nach weniger Ordnungsbehörde und mehr Konsensualität im Verwaltungshandeln, so entstammen diese Forderungen sehr häufig den von behördlichen Auflagen betroffenen Wirtschaftsvertretern bzw. Industriebetrieben. Diese Forderungen nach "unbürokratischen" Entscheidungen werden nicht ganz uneigennützig erhoben. Man verspricht sich vom Verlassen des öffentlich-rechtlich Regelverfahrens einen wie auch immer gearteten Vorteil – nicht gerade selten auch eine wirtschaftliche Erleichterung.

Der hier vorgestellte Erfahrungsbericht beschreibt eine ganz andere Konstellation. Die Kommune hat sich im konsensualen Verwaltungshandeln versucht, um ihre öffentlich-rechtlichen Aufgaben besser abwickeln zu können. Der Preis für die zumindest partielle Konfliktbewältigung bestand in einer verbesserten Rechtsposition der Einwender und in Mehrkosten für ein höheres Maß an Umweltschutz. Dies sollte in Form eines ausgehandelten Vertrages für beide Seiten abgesichert werden.

Für beide Seiten überraschend traten nach Abschluß der Vertrags-verhandlungen gänzlich neue und unerwartete Konflikte auf: Die Indu-strie- und Handelskammer (IHK) zu Bielefeld erhob grundlegende Ein-wände: Dem Vertrag könne eine Präzedenzwirkung zukommen, auch bei anderen anstehenden abfallwirtschaftlichen Projekten könnten dann über das öffentlich-rechtlich geforderte Mindestmaß hinausge-hende Standards gefordert werden. Auch andere umweltbezogene Planungen wurden aus Wirtschaftssicht als bedroht angesehen, wenn zukünftig betroffenen Bürgerinnen und Bürgern ein privatrechtlicher Interessenausgleich angeboten würde.

Diese Intervention blieb nicht ohne Erfolg. Obgleich die Geschäftsfüh-rung bereits zugestimmt hatte, lehnte nun der Rat der Stadt Bielefeld (als Gesellschafter) mit knapper Mehrheit den Abschluß des Vertrags ab. Die Bürgerinitiativen reaktivierten daraufhin ihre ruhende Klage vor dem Verwaltungsgericht, allerdings aufgrund der fortgesetzten Nach-rüstung mit mittlerweile geringen Aussichten auf Erfolg. Weil ein zwischenzeitlich ausgeschiedener Geschäftsführer der MVA GmbH den ausgearbeiteten Vertragsentwurf doch noch unterzeichnet hat, ist der letztendliche Ausgang der Angelegenheit noch nicht abzusehen.

Was bleibt?

Wer verhandeln will, der muß auch Verhandlungsmasse einbringen.

Sicherlich sind die Instrumente des konsensualen Verwaltungshan-delns eine für viele Fallkonstellationen geeignete Bereicherung der Behördenpraxis. Zugleich ist zu erkennen, daß die Umweltverwaltung in ihren "Gehversuchen" konsensualer Praxis oftmals noch nicht weit genug gegangen ist, daß sie weitergehende Chancen nicht wahrge-nommen hat. So hat sie z. B. im Fall Eckendorfer Straße (Fall 3) nicht erkannt, daß dieser besonders "anspruchsvolle" Konflikt bei Ein-schaltung eines Konfliktmittlers besser hätte gelöst werden können. Ähnlich zeigt der Fall der Müllverbrennungsanlage, daß der Kurs der Beteiligten nicht weit genug gezogen wurde: Die IHK hätte schon früh-zeitig beteiligt werden müssen. Auch hier hätte der Einschaltung eines neutralen Dritten die Konfliktlösung befördern helfen können.

Die Bielefelder Beispiele zeigen aber auch, daß es massive Interessen an der Beibehaltung der herkömmlichen öffentlich-rechtlichen Verfah-ren gibt. Nur darf sich derjenige, der gegen neue Instrumente votiert, nicht darüber beklagen, daß sich die Verfahrensabläufe im Dissens über Jahre hinziehen.

6. Anhang: Der Bielefelder MVA-Vertrag

Präambel

Die MVA betreibt aufgrund des Planfeststellungsbeschlusses des Regierungspräsidenten Detmold vom 23.10.1978 – 23.3.8851.2 – eine Müllverbrennungsanlage. Ihre Aufgabe ist es, zu jeder Zeit die Behandlung des im Kreise Herford und der Stadt Bielefeld anfallenden nicht vermeid- und verwertbaren Restmülls sicherzustellen. Dabei wird das Abfallgesetz beachtet werden. Die MVA wird in Zusammenarbeit mit den betroffenen Gebietskörperschaften alle Möglichkeiten nutzen, die Rangfolge Abfallvermeidung, Abfallverwertung und Behandlung zu verwirklichen. Zu den satzungsmäßigen Zielen der Vereine/Genossenschaft ... zählt der Schutz der Bevölkerung und der Umwelt sowie die Aufklärung und Information der Bevölkerung über die Emissionen der Müllverbrennungsanlage.

Beide Parteien sind sich einig darüber, daß die von der Müllverbrennungsanlage ausgehenden Emissionen so gering wie möglich sein sollen und alle verfügbaren Umweltschutzdaten über die MVA vom Grundsatz her öffentlich sind. Beide Parteien streben zur Verwirklichung dieser Ziele ein konstruktives Verhältnis an. Beide Parteien sind sich ferner darüber einig, daß die vertraglichen Regeln lediglich die Vertragsparteien binden. Die Rechte und Pflichten Dritter sowie insbesondere die der in diese Vertragsregelungen nicht einbezogenen Bürger (Initiativen und politische Gruppierungen) sind daher nicht geschmälert. Für weitere betroffene Bürgergruppen, Initiativen, Vereinigungen und Personen, die gegenwärtig nicht Vertragspartner sind, wird zukünftig die Möglichkeit gegeben, auch in das Vertrags-Verhältnis eintreten zu können. Beide Parteien vereinbaren unter diesen Prämissen folgendes:

§ 1
Beteiligung der Vereine/Genossenschaft an weiteren Umweltschutzmaßnahmen

1. Die Parteien streben eine zügige Planung, Genehmigung und Verwirklichung des zweiten Bauabschnitts, insbesondere die Entstickung und die Dioxinminderung des MVA-Outputs an. Sie verpflichten sich zu gemeinsamen Gesprächen, in denen etwaige Streitpunkte einvernehmlich geklärt werden sollten und insbesondere ein gemeinsamer

technischer Konsens über weitere Umweltschutzmaßnahmen erzielt werden soll.

2. Die MVA stellt den/der Vereinen/Genossenschaft alle Informationen entsprechend *Anlage 1* über Planung, Genehmigung und Verwirklichung des 2. Bauabschnitts zur Verfügung. Diese Zusage gilt auch für etwaige weitere emissionsrelevante Bau- bzw. Genehmigungsverfahren.

3. Sofern die Planungen Auswirkungen auf den Entsorgungsauftrag der entsorgungspflichtigen Körperschaften haben, sind die Stadt Bielefeld, der Kreis Herford und Aufsichtsbehörden zu beteiligen, deren Zuständigkeit hiervon berührt wird.

4. Die MVA sagt die Kostenübernahme von Gutachten der Vereine/Genossenschaft zu, wenn sie bei einem Verfahren nach Ziffer 1 zu beteiligen sind oder entsprechend § 2 eine Emissionsminderung erwartet werden kann. Voraussetzung hierfür ist, daß vor der Auftragsvergabe Einvernehmen hinsichtlich des Nutzens, des Gutachters und der Kosten des Gutachtens hergestellt worden ist. Die Vereine/Genossenschaft verpflichten sich, einen gemeinsamen Gutachtervorschlag zu unterbreiten, wenn mehrere Vertragspartner die Begutachtung eines Sachverhaltes oder Planungsgegenstandes zu einer inhaltlich gleichen Fragestellung beanspruchen. Bei nicht herzustellendem Einvernehmen mit der MVA ist entsprechend § 8 zu verfahren.

§ 2
Zukünftige, weitergehende Emissionsminderungen

1. Die MVA verpflichtet sich, die Anlage nach dem Stand der Technik zu betreiben. Stand der Technik in diesem Sinne ist der Entwicklungsstand verfügbarer fortschrittlicher Verfahren, Einrichtungen und Betriebsweisen zur Erreichung der Ziele der Abfallwirtschaft, ohne daß dadurch die Umwelt in anderer Weise mehr beeinträchtigt wird.

2. Der Einsatz solcher verfügbaren Techniken muß in der Gesamtbilanz ökologischen Nutzen bringen. Dazu gehört insbesondere die gesundheitliche Vorsorge für die Bevölkerung, einschließlich der Arbeiter/-innen der Müllverbrennungsanlage. Das Verhältnis von Nutzen und erforderlichem Aufwand muß in einem angemessenen Verhältnis stehen, wobei gesundheitliche und ökologische Interessen vor wirtschaftliche Interessen gestellt werden. Im Streitfall wird auch hier entsprechend § 8 verfahren.

3. Den Parteien ist bekannt, daß der Einsatz der obengenannten Techniken zur Emissionsminderung an zum Teil erhebliche Zeiträume für die technische Planung und Entwicklung, für Planfeststellungs- und Genehmigungsverfahren sowie für die Ausführung gebunden ist. Beide Parteien sind bestrebt, diese Zeiträume zu verkürzen und den Einsatz verfügbarer Techniken zur Emissionsminderung zu beschleunigen. Im Streitfall wird auch hier entsprechend § 8 verfahren.

§ 3
Abfallkatalog

1. Die MVA verpflichtet sich, die Abfälle der *Anlage 2* erst nach einer auf die Problemstoffe bezogenen Erstanalyse anzunehmen. Werden begründete Verdachtsmomente gegen Abfallstoffe aus dem Abfallkatalog bekannt, muß die Erstanalyse auf diese Stoffe erweitert werden. Dies gilt auch dann, wenn neue technische Verfahren zur Analyse von weiteren Problemstoffen entwickelt sind.

2. Die MVA verpflichtet sich, die Abfälle der *Anlage 3* nur nach Vorlage von zwei negativen, nachprüfbaren Verwertungsbemühungen seitens des Abfallerzeugers bzw. des -anlieferers anzunehmen. Dies bedeutet, daß von zwei auf dem Gebiet der jeweiligen Abfallart tätigen Verwertern eine abschlägige, schriftliche Stellungnahme über die spezielle Abfallart vorliegt oder eine Stellungnahme der Abfallwirtschaftsagenturen (BASA resp. HIM) eingereicht werden muß. Die negativen Stellungnahmen der relevanten Abfallverwerter müssen von den Abfallwirtschaftsbehörden der jeweiligen Gebietskörperschaften geprüft und für richtig befunden werden. Die Verwertung darf nicht wirtschaftlich unzumutbar sein. Erst nach diesem Prozedere wird die MVA prinzipiell verwertbare Stoffe bzw. die von den/der Vereinen/Genossenschaft als verwertbar angezeigten Abfallarten verbrennen.

3. Die MVA verpflichtet sich, im Einvernehmen mit den Gebietskörperschaften, das Streichen von Abfallstoffen aus dem Annahmekatalog der MVA zu beantragen, sobald es für diese Abfälle gesicherte Verwertungsmöglichkeiten gibt oder die Erkenntnis bestätigt wird, daß sich Abfallstoffe als Problemstoffe herausstellen, die die Emissionen der Müllverbrennungsanlage erheblich erhöhen.

4. Die MVA verpflichtet sich, eine Änderung des Planfeststellungsbeschlusses im Einvernehmen mit den Gebietskörperschaften mit dem Ziel zu beantragen, PVC-Abfälle (Abfallschlüssel-Nr. 57116) aus dem

Abfallkatalog des Planfeststellungsbeschlusses vom 17.11.1989 auszuschließen.

5. Die MVA wird die Vereine/Genossenschaft bei entsprechenden Rückfragen über die unter Ziffer 1 und 2 genannten Analysen und Stellungnahmen sowie über den jeweiligen Stand der Bemühungen (zu Ziffer 3 und 4) – unter Beachtung datenschutzrelevanter Bestimmungen in Bezug auf Dritte – informieren. Die Vereine/Genossenschaft werden/wird das Vorhaben der MVA im Rahmen ihrer Möglichkeiten fördern und unterstützen.

§ 4
Abfallwirtschaft

1. Die MVA erklärt verbindlich, jährlich nicht mehr als höchstens 320 000 Tonnen Abfall zu verbrennen. Bezüglich der Rücknahme von umgeleitetem Müll im Rahmen des 1. und 2. Bauabschnitts sowie der Hilfestellung aus § 4 Abs. 2, sind geringfügige Überschreitungen zulässig. Die MVA verpflichtet sich, keine technischen Änderungen, die die Kapazität der Müllverbrennungsanlage erweitern, zu beantragen oder sonst darauf hinzuwirken. Vielmehr erwartet die MVA, daß es der ortsansässigen Industrie, dem Gewerbe und den Gebietskörperschaften (Trägern der MVA) durch geeignete abfallwirtschaftliche Maßnahmen gelingt, die zu verbrennenden Restmüllmengen deutlich zu senken. Schnellstmöglich soll wieder die Mülldurchsatzmenge je Ofen auf 16 t/h begrenzt und der Zwei-Linien-Betrieb realisiert werden. Die MVA unterrichtet in Abstimmung mit den Gebietskörperschaften die Vereine/Genossenschaft über den jeweiligen Stand der Bemühungen zur Müllmengenreduzierung.

2. Die MVA verpflichtet sich, auch bei einer weitergehenden Reduktion der Abfallmengen der Gebietskörperschaften Herford und Bielefeld keinen Antrag auf Erweiterung des Mülleinzugsgebietes zu stellen. Dies schließt nicht aus, daß benachbarten Gebietskörperschaften Hilfestellung zuteil wird, durch Bereitstellung vorhandener Verbrennungskapazität. Diese Hilfestellung erfolgt für Notfälle, ist mengenmäßig und zeitlich befristet und kann nur unter der Voraussetzung gewährt werden, daß in absehbarer Zeit eine gleich große Abfallmenge aus Bielefeld oder Herford zurückgenommen wird. Die MVA-Mitbenutzung in Notfällen stellt dann keine Vertrags-Verletzung dar, wenn die zuständige Behörde eine Gestattungs-Verpflichtung ohne Rücknahmeverpflichtung im Sinne des AbfG ausspricht und eine frei-

willige Vereinbarung mit der unterstützten Gebietskörperschaft zur Rücknahme der entsorgten Abfälle in absehbarer Zeit nicht zustande kommt. Die MVA informiert die Vereine/Genossenschaft im voraus. Diese Regelungen gelten nicht für Klinikmüll.

3. Den Parteien sind die in diesem Zusammenhang relevanten Regelungen des Planfeststellungsbeschlusses des Regierungspräsidenten Detmold vom 17.11.1989 – 55.4.8851.8.1 B – Nr. V, Abs. 4 und 5 bekannt.

§ 5
Zugänglichkeit der Informationen

1. Die MVA übersendet den/der Vereinen/Genossenschaft zum jeweiligen 1.6. eines jeden Jahres einen Bericht über die im vorangegangenen Jahr durchgeführten Messungen und deren zusammengefaßte Ergebnisse (Meßbericht). Dabei sind auch alle umweltbedeutenden Störfälle sowie Grenzwert- und Kapazitätsüberschreitungen der Planfeststellung und aller rechtlich maßgebenden Luftreinhaltestandards aufzulisten und zu erklären. Form und Inhalt des Meßberichtes ergeben sich aus dem als *Anlage 4* beigefügten Muster. Dem Bericht werden als Anlage eine Kopie des nach § 12 der 17. BImSchV zu erstellenden Meßberichte und allgemeinverständliche Erläuterungen beigefügt.

2. Den/Der Vereinen/Genossenschaft ist es gestattet, nach Absprache mit dem Immissionsschutzbeauftragten der Müllverbrennungsanlage, die zu einem bestimmten Zeitpunkt gemessenen Emissionen (z.B. Originaldaten aus dem Emissionsrechner) einzusehen und mit anderen Messungen zu vergleichen. Dieses Recht soll praktizierenden Ärzten im Umkreis der MVA bei Krankheitsbildern ihrer Patienten mit z.B. Husten, bestimmten Atemwegsbeschwerden oder Hauterkrankungen prinzipiell eingeräumt sein. Dieses Recht wird wahrgenommen durch einen von den/der Vereinen/Genossenschaft bevollmächtigten Mediziner. Die MVA ist mit diesem Recht einverstanden, weil sie ein eigenes, vitales Interesse daran hat, mit derartigen medizinischen Auffälligkeiten im Umkreis der Anlage nicht unberechtigterweise in Zusammenhang gebracht zu werden.

3. Jedes zweites Jahr übersendet die MVA gemeinsam mit dem unter § 5 Ziffer 1 genannten Meßbericht eine informatorische Übersicht über den in einschlägigen Fachorganen veröffentlichten Diskussionsstand zum Stand der Technik bei Maßnahmen zur Emissionsminderung in

130

Abfallverbrennungsanlagen, vergleicht den Stand der Wissenschaft in einer Übersicht mit den Gegebenheiten (eingesetzte Technik, Emissionswerte, etc.) der Anlage und zeigt mögliche Verbesserungen auf. In einem Anhang zum Bericht äußert sich die Geschäftsleitung der MVA zu den möglichen Verbesserungen und den beabsichtigten Maßnahmen.

4. Sobald die Prozeßleittechnik vollständig installiert ist, wird die MVA die Verbrennungsmengen der mittelstündlich verbrannten Menge in den unter Ziffer 1 genannten Meßbericht aufnehmen.

5. Sobald die Prozeßleittechnik zur Verfügung steht, werden die in *Anlage 5* aufgeführten kontinuierlichen Meßergebnisse direkt und zeitgleich auf einen Sichtschirm am Toreingang der MVA übertragen und EDV-mäßig dokumentiert. Die Art und Weise der Dokumentation ist in Anlage 5 aufgeführt. Die Zugänglichkeit erfolgt gemäß § 5 Abs. 2.

§ 6
Dokumentation des Belastungsstandes im Umkreis der Müllverbrennungsanlage

1. Die MVA erklärt sich mit der Forderung einverstanden, ein regelmäßiges Monitoring im Umkreis der Anlage durchzuführen, mit dem Ziel, den Belastungsstand des Bodens und der Nahrungsmittel mit besonders problematischen Emissionen zu verfolgen (u.a. Dioxine, Furane, Arsen, Cadmium). Sie sagt zu, die Planungen des Untersuchungsprogramms mit den/der Vereinen/Genossenschaft zu erörtern.

2. Das Monitoring erfolgt in Anlehnung an das 1989 im Umkreis der Anlage durchgeführte Depositionsmeßprogramm des TÜV's Hannover (1) sowie die Dioxin-Input-Output Bilanz der ITU-Forschung (2) und das Dioxin-Boden/Vegetations-Monitoring des Instituts Fresenius (3).

---

(1) Untersuchungen der Deposition im Umfeld der Müllverbrennungsanlage Bielefeld-Herford GmbH, 1989; Technischer Überwachungs-Verein Hannover (Dr. D. Stein)
(2) Emissionsmessungen an der Müllverbrennungsanlage in Bielefeld:
   a) vom 27.7.1989
   b) vom 23.1.1990;
   ITU-Forschungsgesellschaft Technischer Umweltschutz GmbH (M. Wilken)
(3) Untersuchung der Dioxin-Konzentration in Böden im Bereich der Müllverbrennungsanlage Bielefeld-Herford GmbH, November/Dezember 1990; Institut Fresenius (Dr. Kurz)

3. Ergeben sich aus den genannten oder anderen Untersuchungen Erkenntnisse über konkrete Gesundheitsgefahren, verpflichtet sich die MVA in einem medizinischen Vorsorgeprogramm, diese Beobachtungen (konkrete Hinweise) aufzuklären.

4. Die Dokumentation des Belastungsstandes erfolgt alle 4 Jahre. Die ersten Wiederholungsuntersuchungen, analog § 6 Ziffer 2, erfolgen 1994. Die MVA macht zum Bestandteil der Gutachteraufträge, daß die Untersuchungen spätestens 6 Monate danach vorliegen und nach Unterrichtung des Aufsichtsrates der MVA den/der Vereinen/Genossenschaft zugestellt werden.

§ 7
Inkrafttreten und Dauer des Vertrages

1. Dieser Vertrag tritt erst und nur dann in Kraft, wenn der Planfeststellungsbeschluß des Regierungspräsidenten Detmold vom 17.11.1989 – 55.4.8851.8.1B – zur Änderung der Müllverbrennungsanlage unanfechtbar geworden ist. Den Parteien ist bekannt, daß hierzu die bei dem Verwaltungsgericht Minden anhängigen Klagen gegen den Regierungspräsidenten Detmold wirksam zurückgenommen werden müssen. Zwischen der Unterzeichnung des Vertrages und seinem Inkrafttreten besteht für beide Seiten kein Rücktrittsrecht.

2. Dieser Vertrag kann zum Ende jedes Kalenderjahres, erstmals jedoch zum 31.12.1999 gekündigt werden. Die Kündigung muß 1 Jahr vorher schriftlich erfolgen. Sie muß spätestens am letzten Tag des Kalenderjahres der anderen Seite zugegangen sein.

§ 8
Schiedsgutachten

1. Besteht Streit der Parteien darüber, ob die MVA auf den Einsatz einer von den/der Vereinen/Genossenschaft geforderten Technik hinwirken muß (§ 2 Abs. 1), so entscheidet eine Gutachterkommission darüber, ob die technischen und ökologischen Voraussetzungen für diese Verpflichtung erfüllt sind. Das Schiedsgutachten ist für beide Seiten verbindlich. Bejaht das Gutachten die Verfügbarkeit der Technik und ihren ökologischen Nutzen und besteht ein angemessenes Verhältnis zwischen dem ökologischen Nutzen und dem erforderlichen Aufwand, so hat die MVA die nach § 2 Abs. 1 geschuldeten Maßnahmen zu ergreifen. Verneint das Schiedsgutachten eine dieser Voraussetzungen, braucht die MVA nicht tätig zu werden.

2. Schiedsgutachter kann nur sein, wer eine akademische Ausbildung aufweisen kann und eine profunde Sachkenntnis auf dem streitigen Sachgebiet besitzt.

3. Der Schiedskommission gehören zwei Gutachter an. Ein Gutachter wird von der MVA, der zweite Gutachter von der/den übrigen Vertragspartei/en benannt. Diejenige Partei, die ein Schiedsgutachten beantragt, hat der anderen Partei schriftlich den Namen ihres Gutachters zu benennen sowie die Fragestellung, die begutachtet werden soll., mit der erforderlichen Präzision zu beschreiben. Unklarheiten über die technischen Fragestellungen sind in einem kurzfristig anzuberaumenden Gespräch auszuräumen. Das Ergebnis ist schriftlich niederzulegen. Jede Partei hat innerhalb einer Frist von zwei Monaten nach erfolgter Verständigung ihren Schiedsgutachter zu benennen. Die andere Parte ist berechtigt, eine andere Technik mit gleicher Zielsetzung vorzuschlagen, die dann ebenfalls in die Begutachtung einfließen muß.

4. Die beiden von den Parteien benannten Schiedsgutachter sollen sich gemeinsam auf ein Ergebnis, bzw. einen Vorschlag einigen. Falls dies nicht möglich ist, kann ein Obmann benannt werden. Falls beide Parteien keine Einigung über den zu bestellenden Obmann erreichen können, wird das Umweltbundesamt gebeten, einen Experten zu benennen.

5. Das Schiedsgutachten ist nach Anhörung beider Parteien schriftlich zu erstellen. Soweit sich die Schiedsgutachter über die Beantwortung einer Streitfrage untereinander nicht einig werden, entscheiden sie über die Streitfrage mit einfacher Mehrheit. Die Minderheitsposition ist im Gutachten anzuführen.

6. Fällt die Begutachtung einer von den/der Vereinen/Genossenschaft zur Prüfung beantragten Frage komplett negativ aus und können sich die Vertragsparteien nicht auf eine alternativ begutachtete Technik verständigen, tragen/trägt die Vereine/Genossenschaft die Kosten des Schiedsgutachtens, insgesamt höchstens DM 3 000,–. Liegen die Jahreseinnahmen aus Mitgliedsbeiträgen der am Schiedsgutachten beteiligten Vereine/Genossenschaft unter DM 6 000,–, so werden höchstens 50 % der Jahreseinnahmen angesetzt.

7. Die Vertragsparteien sind sich einig, die Regelungen des § 8 nicht überstrapazieren zu wollen. Von begründeten Ausnahmefällen abgesehen bedeutet dies eine Begrenzung auf ein Schiedsverfahren pro Jahr.

§ 9
Schlußbestimmungen

1. Jede Partei trägt die mit dem Abschluß dieses Vertrages verbundenen Kosten, insbesondere die Kosten ihrer Rechtsberater, selbst. Ferner trägt jede Partei die mit der Erfüllung ihrer vertraglichen Verpflichtungen verbundenen Kosten (soweit nicht bereits anders vereinbart) selbst.

2. Änderungen und Ergänzungen dieses Vertrages bedürfen der Schriftform. Das gilt auch für die Änderung dieser Bestimmung.

3. Sollte eine Bestimmung dieses Vertrages unwirksam sein oder werden oder eine an sich notwendige Regelung nicht enthalten sein, so wird dadurch die Wirksamkeit der übrigen Bestimmungen nicht berührt. Anstelle der unwirksamen Bestimmung oder zur Ausfüllung der Regelungslücke, einigen sich beide Parteien auf eine rechtlich zulässige Regelung, die soweit möglich dem entspricht, was die Parteien gewollt haben oder nach Sinn und Zweck dieses Vertrages gewollt haben würden, wenn sie die Regelungslücke erkannt hätten.

4. Die beteiligte/n Vereine/Genossenschaft sind/ist selbständige/r Vertragspartner. Sie können die Vertragsrechte sowohl gemeinsam als auch einzeln wahrnehmen.

Weiterführende Literatur

Bacow, Lawrence; Milkey, James R.: Overcoming Local Opposition to Hazardous Waste Facilities: The Massachusetts Approach, Harvard Environmental Law Review 1982, Vol. 6, 265.

Bacow, Lawrence; Wheeler, Michael: Environmental Dispute Resulution, New York, London 1984.

Barth, Norbert; Führ, Martin: Der Fall "Basta". Ein Modell für Bürgerbeteiligung bei Genehmigungsverfahren, in: ÖKO-Mitteilungen 4/86, 10.

Benz, Arthur: Verhandlungen, Verträge und Absprachen in der öffentlichen Verwaltung, Die Verwaltung 1990, 83.

Bingham; Gail: Resolving Environmental Dispute: A Decade of Experience, in: Stephen B. Goldberg, Eric D. Green, Frank E.A. Sander, Dispute Resolution, Boston, Toronto 1985, S. 405 ff.

Bohne, Eberhard: Der informale Rechtstaat, Berlin 1981.

Brohm, Winfried: Verwaltungsverhandlungen mit Hilfe von Konfliktmittlern?, DVBl. 1990, 321.

ders.: Beschleunigung der Verwaltungsverfahren - Straffung oder konsensuales Verwaltungshandeln? Zugleich ein Beitrag zu den Voraussetzungen der "Mediation" in den USA und den strukturellen Unterschieden zwischen amerikanischem und deutschem Recht, in: NVwZ 1991, 1025.

Carpenter, Susan L.; Kennedy, W.J.D.: Managing Public Disputes. A Practical Guide to Handling Conflict and Reaching Agreements, San Francisco, London 1988.

Cormick, Gerald W.: The "Theory" and Practice of Environmental Mediation, The Environmental Professional 1980, Vol. 2, 24.

Discher, Holger; Kraus, Sylvia: Sanierung bewohnter Altlasten (Diplomarbeit am Fachbereich Raumplanung der Universität Dortmund), 1990.

Forschungsschwerpunkt Technik-Arbeit-Umwelt: Mediation in der Umweltpolitik. Das Konzept zur Abfallwirtschaft im Kreis Neuss, in: WZB-Mitteilungen, Nr. 53, 5.

Führ, Martin (Ökoinstitut Darmstadt): Mitbestimmungsmodell für Umweltentscheidungen, in: Informationsdienst Umweltrecht 1990, 52.

Gaßner, Hartmut; Groth, Klaus-Martin; Klinski, Stefan: Kritik des Entwurfs zum Beschleunigungsgesetz, Rechtsgutachten im Auftrag von Greenpeace, Berlin, September 1991.

dies.: Möglichkeiten der Verfahrensbeschleunigung unter qualitativen und quantitativen Aspekten, Studie im Auftrag des Deutschen Naturschutzringes, Berlin, Oktober 1991.

Gusy, Christoph: Verwaltung durch Verhandlung und Vermittlung, in: ZFU 4/ 90, 353.

Harter, Philip J.: Negotiating Regulations: A Cure for Malaise, The Georgetown Law Journal 1982, Vol. 71, 1.

Hoffmann-Riem, Wolfgang: Konfliktmittler in Verwaltungsverhandlungen, Heidelberg 1989.

Hoffmann-Riem, Wolfgang; Schmidt-Aßmann, Eberhard (Hrsg.): Konfliktbewältigung durch Verhandlungen. Informelle mittlerunterstützte Verhandlungen in Verwaltungsverfahren, Band 1, Baden-Baden 1990.

dies.: Konfliktbewältigung durch Verhandlungen, Konfliktmittlung, Band 2, Baden-Baden 1990.

Holznagel, Bernd: Verhandlungslösungen als Mittel der Konfliktbewältigung bei der Ansiedlung von Sonderabfallanlagen in den USA und der Bundesrepublik, ZAU 1990, 405.

ders.: Konfliktlösungen durch Verhandlungen. Aushandlungsprozesse als Mittel der Konfliktverarbeitung bei der Ansiedlung von Entsorgungsanlagen für besonders überwachungsbedürftige Abfälle in den Vereinigten Staaten und der Bundesrepublik Deutschland, Forum Umweltrecht, Bd. 4, Baden-Baden 1990.

Informationsdienst Umweltrecht (IUR) 2/1990: Themenheft Mediation, S. 37 ff.

Klinski, Stefan; Gaßner, Hartmut: Das Gesetz zur Beschleunigung der Verkehrswegeplanung: Planungsrecht auf Abwegen; in NVwZ 1992, Heft 3, 236.

Koch, Hans-Joachim; Rubel, Rüdiger: Allgemeines Verwaltungsrecht, 2. Auflage, Neuwied, Kriftel, Berlin 1992, S. 72 f.

Kunig, Philip; Rublack, Susanne: Aushandeln statt Entscheiden? – Das Verwaltungsverfahrensrecht vor neuen Herausforderungen –, Jura 1990, 1.

Lahl, Uwe: Der Bielefelder MVA-Vertrag, Die Verwaltung 1992, 241.

Lake, Laura M.: Environmental Conflict and Decisionmaking, in: Laura M. Lake (Hrsg.), Environmental Mediation: The Search for Consensus, Boulder, Colorado 1980, S. 1 ff.

Lübbe-Wolff, Gertrude: Das Kooperationsprinzip im Umweltrecht – Rechtsgrundsatz oder Deckmantel des Vollzugsdefizits?, NuR 1989, 295.

Mernitz, Scott: Mediation of Environmental Disputes. A Sourcebook, New York 1980.

ÖKO-Institut e.V./BUND (Hrsg.): Mediation gescheitert. Kein neuer Weg für MVA der Hoechst AG, in: KGV-Rundbrief 1+2/91, 29.

O'Hare, Michael; Bacow, Lawrence; Sanderson, Debra: Facility Siting and Public Opposition, New York 1983.

Passavant, Oliver: Mittlerunterstützte Kooperation in komplexen Verwaltungsprojekten, DÖV 1987, 516.

Schrader, Christian: Das Kooperationsprinzip – ein Rechtsprinzip?, DÖV 1990, 326.

Schulze, Inge; Heuwinkel, Ludwig: Der Bielefelder MVA-Vertrag, Die Verwaltung 1992, 252.

Striegnitz, Meinfried: Mediation: Lösung von Umweltkonflikten durch Vermittlung – Praxisbericht zur Anwendung in der Kontroverse um die Sonderabfalldeponie Münchehagen, ZAU 1990, 51.

Susskind, Lawrence; Cruikshank, Jeffrey: Breaking The Impasse. Consensual Approaches to Resolving Public Disputes, New York 1987.

Susskind, Lawrence; Weinstein, Alan: Towards a Theory of Environmental Dispute Resolution, Boston College Environmental Affairs Law Review 1980, Vol. 9, 311.

Wald, Particia M.: Negotiation of Environmental Disputes: A New Role for the Courts?, Columbia Journal of Environmental Law 1985, Vol. 10, 1.

Wiedemann, Peter; Femers, Susanne; Hennen, Leonhard: Bürgerbeteiligung bei entsorgungspflichtigen Vorhaben (Forschungszentrum Jülich), November 1990.

Würtenberger, Thomas: Akzeptanz durch Verwaltungsverfahren, in NJW 1991, 257.

ders.: Verbesserung der Akzeptanz von Verwaltungsentscheidungen, Freiburg 1991.